NOTICE

HISTORIQUE

SUR LES OUVRAGES

PUBLIÉS PAR

M.ʳ DESQUIRON DE SAINT-AGNAN,

Ancien Magistrat, Docteur en droit, ancien Professeur de droit naturel, de droit public et d'économie politique à l'école spéciale de commerce à Paris, Avocat à la Cour royale de Bordeaux,

DEPUIS L'ANNÉE 1806 JUSQUES A L'ANNÉE 1830;

RÉDIGÉE SUR

DES DOCUMENS AUTHENTIQUES,

Par M. Philippe Desquiron de St.-Agnan, fils aîné, Bachelier ès-lettres, et Licencié en droit de la Faculté de Paris.

Improbi ne pereant perdunt.

A BORDEAUX,

DE L'IMPRIMERIE DE J. PELETINGEAS, RUE S.ᵗ-REMI, N.º 23.

JANVIER 1831.

AVANT-PROPOS.

Fils d'un père digne par ses vertus et ses talens d'être honoré de tous les respects et de tous les hommages, témoin attentif de ses immenses et utiles travaux, j'ai recueilli en silence le souvenir des nombreux suffrages qu'il a obtenus dans le cours de sa laborieuse carrière, et je remplis aujourd'hui le devoir pieux de les livrer en masse à la publicité.

Peut-être qu'aux beaux jours de la régénération morale et politique de la France, il y a opportunité à signaler au Roi-citoyen et à ses ministres, le mérite modeste qui s'écarte lui-même des sentiers qui conduisent aux places et aux honneurs.

J'aurai du moins la gloire de l'avoir tenté.

Philippe DESQUIRON DE S.¹-AGNAN,

Bachelier ès-lettres et Licencié en droit de la Faculté de Paris.

NOTICE HISTORIQUE

SUR

LES OUVRAGES

PUBLIÉS PAR

M.ʳ DESQUIRON DE SAINT-AGNAN.

LE premier ouvrage sorti de la plume de M. DESQUIRON DE S.ᵗ-AGNAN, ancien magistrat, docteur en droit, avocat à la Cour royale de Paris et à la Cour royale de Bordeaux, a pour titre : L'ESPRIT DES INSTITUTES DE L'EMPEREUR JUSTINIEN, *conféré avec les principes du Code civil, enrichi de notes explicatives puisées dans les lois du Digeste du Code et des Novelles.*

Ce livre a été publié au mois de Décembre 1806, époque à laquelle l'auteur n'avait pas encore atteint sa vingt-cinquième année. Il suffira, pour le faire connaître, de rapporter les analyses qu'en ont recueillies les différens journaux.

Extrait du Journal de l'Empire, du 8 Décembre 1808. — Tout jurisconsulte doit dire avec *Montesquieu :* « Je suis fort dans mes maximes, lorsque j'ai les Romains » pour moi ». Mais combien, parmi ceux qui se destinent aujourd'hui à cette honorable profession, en est-il qui, peu habiles dans la langue des Romains, si malheureusement négligée à une époque pendant laquelle l'éducation fut nulle, ou prit une autre direction , sont incapables de puiser dans les originaux une parfaite connaissance de ces maximes et de ces lois ! C'est en leur faveur qu'un des jurisconsultes les plus célèbres , dans une ville où l'étude du droit, toujours en honneur, produisit dans tous les temps les plus savans interprètes des lois, vient de publier la première partie d'un ouvrage dont l'utilité ne se bornera pas aux élèves, mais peut s'étendre aux maîtres et aux hommes les plus consommés dans cette science. Il suffira , pour faire sentir le mérite de ce livre, absolument neuf, d'en indiquer en peu de mots l'esprit et le plan.

Ce n'est en effet, ni une simple traduction, ni un simple commentaire des Institutes et des autres ouvrages de Justinien , que M. *Desquiron de St.-Agnan* a voulu offrir au public. Il sait trop , et il prouve trop bien lui-même que les lois sont plus souvent obscurcies qu'éclaircies par les commentaires; qu'elles sont étouffées sous cet amas de décisions et d'interprétations, souvent contraires , des différens commentateurs. Une simple traduction était loin de présenter aussi le but d'utilité générale qu'il avait la noble ambition de donner à son ouvrage. Il a donc eu pour objet de montrer l'accord , la ressemblance et les différences ; de saisir, en un mot, tous les rapports qui se trouvent entre la jurisprudence romaine et la jurisprudence française. Pour remplir cet objet, M. *Desquiron de St.-Agnan* a donné aux deux Codes la même division , ou plutôt il a suivi pour tous les deux la division du Code civil français, qui se divise en trois livres, dont le premier traite *des personnes*, le second de la *distinction des biens* , et le troisième *des différentes manières dont on acquiert la pro-*

priété. Ce n'est point ainsi que *Justinien* a divisé le corps des lois civiles ; mais il est certain que toute jurisprudence peut se rapporter à ces trois parties.

M. *Desquiron de St.-Agnan* prend donc, par exemple, dans les corps des lois romaines, celles qui ont rapport aux *personnes*, aux pères et aux enfans, aux femmes, aux tuteurs, aux curateurs, etc. ; il les expose, non en traducteur, non en commentateur, mais en homme qui en a saisi l'esprit, qui, maître de son sujet, l'a envisagé sous tous ses rapports, qui ne se contente pas de donner sèchement le texte et la lettre de la loi, mais qui en éclaircit les difficultés dans des notes savantes : qui donne l'historique de cette loi, en indique l'origine, note les changemens et les altérations qu'elle a subis, assigne l'époque et le motif de son abrogation, si elle a eu lieu, et fait suivre aussi ou les progrès ou la décadence de la législation. Dans le chapitre suivant, l'auteur expose les principes du *Code civil* qui ont rapport au même objet ; de sorte que l'élève, déjà préparé par une étude préliminaire et analogue, saisit facilement ces principes. Le maître aperçoit quelquefois des rapports qui ont pu échapper même à de longues études ; et l'un et l'autre suivent les changemens et les modifications que la différence des mœurs, l'expérience des âges, et les lumières particulières de ceux qui ont été appelés à la rédaction du Code, ont dû introduire dans la jurisprudence française.

Tel est le plan que suit M. *Desquiron de St.-Agnan* dans les diverses parties de son ouvrage. A l'esprit de méthode, d'ordre et d'analyse qu'il suppose, se joignent les qualités du style les plus précieuses pour ce genre d'ouvrages, la netteté, la clarté, la précision. Je n'ajouterai plus qu'un mot relatif à l'Introduction qu'il a placée à la

tête de son ouvrage. Il n'est personne qui, en lisant l'Histoire Romaine, n'ait été embarrassé par les diverses attributions judiciaires des divers corps de l'État, par les modes divers de faire les lois, par les noms différens qu'elles recevaient de ces divers modes, ou de ceux qui les avaient recueillies. Pendant treize cents ans environ, depuis *Romulus* jusqu'à *Justinien*, les lois furent faites, tantôt par les Rois, tantôt par le sénat, tantôt par les tribuns, tantôt par les comices du peuple assemblé par tribus, par curies, par centuries, etc.; tout cela est fort embrouillé dans la plupart des historiens, et est expliqué fort clairement, quoiqu'en peu de mots, dans cette Introduction, qu'on peut regarder comme l'utile complément d'un ouvrage très-utile.
A.

Extrait des Actes du Gouvernement, *du* 28 *Décembre* 1806. — La science du droit qui avait été absolument négligée en France pendant l'espace de quinze ans, est cultivée depuis quelques temps, par la jeunesse française, avec une ardeur et une constance qui promettent à l'Empire, des jurisconsultes et des magistrats dont il ne s'honorera pas moins que de ses guerriers.

L'auteur de l'ouvrage dont nous annonçons le premier livre, s'est proposé de présenter avec méthode, et dans l'ordre des Institutes de *Justinien*, les principes de la jurisprudence romaine, comparée avec les dispositions du Code civil. Ce n'est ni une traduction pure et simple, ni un commentaire; c'est un traité sur le droit romain, dans l'ordre et sur le plan des Institutes. On ne saurait en donner une idée plus juste, qu'en disant que l'auteur a fait sur les Institutes, et en français, ce que le célèbre *Pothier* a fait sur les Pandectes.

(9)

On remarque dans l'ouvrage de M. *Desquiron de St.-Agnan* une profonde science du droit romain, un esprit d'ordre et de méthode qui ne peut être que le résultat de longues et sérieuses méditations, et une connaissance solide des principes de notre droit français.

Les magistrats et les jurisconsultes pourront aussi le lire avec fruit ; ils y trouveront les principes du droit romain bien déduits, et l'indication des lois du Digeste, du Code et des Novelles où ils sont puisés. Dans un grand nombre de notes, on remarque plusieurs questions de droit très-difficiles, traitées avec beaucoup de sagacité et avec une érudition peu ordinaire.

L'ouvrage est écrit en général d'un style ferme, nerveux et grave. L'auteur a su rendre intéressantes, par le charme du style, les discussions arides et épineuses. Nous ne doutons pas que si cet ouvrage est continué comme il a été commencé, il n'obtienne le suffrage des jurisconsultes, et qu'il n'assure à l'auteur un rang distingué parmi les écrivains.

Extrait du Moniteur, feuille du 5 Avril 1807. — L'étude du droit, qui avait été trop négligée en France pendant l'espace de plus de douze ans, est cultivée depuis quelques années par la jeunesse française avec une ardeur et une constance qui font espérer de voir réparer un jour les pertes immenses qu'ont éprouvées la magistrature et le barreau.

Parmi la foule d'ouvrages nouveaux que l'on annonce chaque jour, on doit distinguer *l'Esprit des Institutes de l'Empereur Justinien*.

Les Institutes de l'Empereur *Justinien* ont été et seront

toujours un ouvrage précieux pour ceux qui commencent l'étude des lois ; il renferme une exposition claire et précise des élémens de toute bonne législation civile. Plusieurs jurisconsultes justement célèbres, avaient publié des commentaires sur les Institutes. Les uns, tels que *Vinnius*, *Schenedevein*, *Lorry*, etc., s'étaient proposé de donner au texte des Institutes des développemens puisés dans le Digeste, le Code et les Novelles ; les autres, tels que *Ferrière*, *Boutaric*, *Serres*, avaient eu pour but, en quelque sorte, d'accommoder au droit français les principes du droit romain, et de montrer ce que la jurisprudence française en avait conservé.

L'auteur de *l'Esprit des Institutes* paraît avoir voulu réunir ces deux avantages. Non-seulement il développe l'esprit de chaque titre des Institutes dans un ordre méthodique, en indiquant les lois du Digeste, du Code ou des Novelles qui y ont rapport, mais encore il compare le droit français tel qu'il a été consacré par le Code Napoléon avec le droit romain.

L'ouvrage que nous annonçons n'est ni une simple traduction, ni un commentaire ; mais il pourra tenir lieu avantageusement de l'un et de l'autre. Les jeunes gens y trouveront les principes du droit romain exposés avec méthode et clarté ; et les jurisconsultes ne liront pas sans intérêt les notes savantes qui sont répandues dans le cours de l'ouvrage. En un mot, c'est un livre utile, et dans un genre absolument neuf.

On ne saurait assez encourager le petit nombre des bons esprits qui dirigent leurs études et leurs méditations sur des objets utiles, et qui s'efforcent de nous ramener aux véritables sources de la science. Ils acquièrent par-là des droits

certains à la reconnaissance de leurs concitoyens, et se rendent dignes de la bienveillance d'un gouvernement protecteur de tous les genres de mérite.   D.

Extrait du Journal de Paris, du 7 Avril 1807. —
Nous jouissions depuis long-temps de plusieurs commentaires sur les Institutes de *Justinien*, justement estimés ;
mais les jurisconsultes célèbres à qui nous en sommes redevables, tels que *Vinnius*, *Schenedevein*, *Heineccius*,
ont écrit dans la langue latine, dont la connaissance n'est
pas de nos jours aussi répandue qu'elle l'était avant les
troubles révolutionnaires qui ont désolé la France. D'ailleurs, il ne faut pas se le dissimuler, la plupart de ces commentateurs se sont plus attachés à développer la lettre que
l'esprit de la loi.

Dans l'ouvrage que nous annonçons, l'auteur s'est proposé de faire connaître l'esprit de la législation romaine,
en observant l'ordre que l'empereur *Justinien* a suivi dans
ses Institutes. Il rapporte sous chacun des titres, et dans
un ordre méthodique, les dispositions des lois romaines
qui se trouvent éparses dans le Digeste, le Code ou les
Novelles. De là il passe au rapprochement de la jurisprudence française, telle qu'elle a été fixée par le *Code civil*, et en indique avec autant de clarté que de précision les rapports ou les différences avec le droit des Romains.

Cet ouvrage, dont l'utilité ne peut être trop bien sentie,
annonce un jurisconsulte profondément versé dans la science
des lois, et qui en a fait long-temps la matière de ses méditations. Le style en est clair, méthodique, abondant et
grave. Il devient indispensable pour ceux qui, ne pouvant
étudier le droit romain dans ses véritables sources, sont
néanmoins obligés, par leur profession, de connaître les

principes et l'esprit de ce monument d'une antique sagesse, de ce chef-d'œuvre de la législation civile. L'Esprit des Institutes, enfin, nous a paru être tout à la fois un livre élémentaire, destiné à remplacer avec avantage les auteurs français, tels que *Serres*, *Boutaric* et *Ferrière*, dont les ouvrages ne peuvent plus être mis entre les mains des élèves, depuis les changemens opérés dans notre législation ; et un livre de doctrine, par les notes savantes qui y sont répandues pour éclaircir les difficultés du texte, et qui le rendront précieux pour les jurisconsultes mêmes à qui les lois romaines sont le plus familières.   P.

Extrait du Journal de l'Empire, feuille du 16 *Avril* 1807. — La première livraison de cet ouvrage nous avait annoncé un livre bien conçu, sur un des objets les plus importans qui puissent occuper les hommes graves et réfléchis, la législation civile ; et l'ouvrage qui paraît aujourd'hui achevé et complet, prouve qu'il n'a pas été moins bien exécuté qu'il n'avait été conçu, montre l'accord, les ressemblances, les différences, saisit, en un mot, tous les rapports qui se trouvent entre la jurisprudence française et la jurisprudence romaine ; tel est le but de l'auteur. Ce n'est point en simple traducteur, ce n'est point en sec ou obscur commentateur qu'il expose les principes de ces deux législations, dont l'une est tellement dérivée de l'autre, qu'on ne peut la bien connaître, sans les connaître toutes les deux ; c'est un homme qui en connaît surtout l'esprit, qui remonte aux causes ; qui, maître de son sujet, l'a envisagé sous tous ses rapports ; qui ne se borne point au texte et à la lettre de la loi, mais qui en éclaircit les difficultés dans des notes savantes ; qui donne l'historique de cette loi, en indique l'origine, note les changemens et les corrections

qu'elle a subis , assigne l'époque et les motifs de son abrogation , si elle a eu lieu , et fait suivre ainsi les progrès ou
la décadence de la législation : tel est, en abrégé , le plan
de l'ouvrage , dont nous donnâmes une analyse plus dé-
taillée dans la feuille du 8 Décembre. L'auteur avait eu la
modeste timidité de ne pas se nommer alors : encouragé
par d'illustres suffrages , il est , avec raison , plus hardi aujourd'hui. Ce n'est qu'aux auteurs qui publient des livres
inutiles ou dangereux qu'il convient de cacher leur nom ,
et trop souvent ils n'ont pas cette pudeur ; mais pourquoi
n'avouerait-on pas un ouvrage savant et utile ?   A.

Observations de l'éditeur. — L'ouvrage que nous annonçons n'est pas un commentaire, ce n'est pas une traduction ; ce travail était loin de présenter à l'auteur le but
*d'utilité générale qu'il avait la noble ambition de donner
à son ouvrage.* C'est un traité sur le droit romain, dans
l'ordre , et sur le plan des Institutes , conféré avec les principes du Code civil ; tous les points d'accord , de ressemblance et de différence entre la jurisprudence établie
parmi nous et la jurisprudence des Romains , s'y trouvent
savamment déduits.

La première partie de cet ouvrage était à peine imprimée,
que déjà l'Académie de législation , ce corps respectable ,
s'était empressée d'admettre l'auteur au nombre de ses
membres ;

Que MM. les inspecteurs-généraux des écoles de droit,
habiles appréciateurs de bons ouvrages , avaient adopté l'esprit des Institutes pour le recommander aux écoles soumises à leur inspection.....

Ce prix , bien précieux sans doute , n'est pas néanmoins
le seul qu'ait reçu notre auteur : l'un des grands dignitaires
de l'Empire , celui qui , sans contredit , réunit dans le degré

le plus éminent les talens de l'homme de lettres , du juris-consulte et de l'homme d'état (1), a donné des éloges à ses travaux , en accueillant l'hommage de son livre avec une bienveillance vraiment paternelle.

On a dit , avec juste raison , que *M. Desquiron de St.-Agnan* avait fait sur les Institutes et en français ce que le célèbre *Pothier* a fait sur les Pandectes en langue latine ; et certes , il est impossible de rien ajouter à cet éloge , si ce n'est que l'esprit des Institutes présente à la jeunesse un avantage plus réel que les Pandectes de *Pothier* ; on ne peut , en effet , se dissimuler que la latinité fut totalement négligée pendant les orages révolutionnaires , et qu'il se trouve aujourd'hui peu d'élèves qui soient familiers avec la langue des Romains ; cette vérité a été tellement sentie , que les cours d'institutes sont professés en français dans l'école de droit de Paris , et que cet exemple est suivi dans la majeure partie des autres écoles.

Tout concourt donc à assurer le succès d'un livre qui paraît réservé à devenir le manuel des magistrats, des juris-consultes , des avoués , des notaires et de tous ceux qui se destinent à l'étude des lois.　　　　　N. R.

Au mois de Mars 1808 , M. *Desquiron de St.-Agnan ,* qui exerçait alors les fonctions du ministère public près du tribunal civil de Mayence , se rendit à Paris , et déposa entre les mains de son **Exc.** le Grand-Juge les lettres autographes dont nous allons offrir la copie littérale ;

------

(1) Le prince Cambacerès accepta la dédicace de l'Esprit des Institutes de Justinien, et couvrit son auteur de sa haute protection jusques aux derniers jours de sa vie.

car notre désir n'est pas seulement de le faire connaître comme écrivain, nous tenons encore essentiellement à publier ce qu'il a été comme magistrat.

N.º I. — *Lettre de l'évêque de Mayence à son Excellence le Ministre de la Justice.*

Au moment où le gouvernement régénérateur ne s'environne que de talens et de vertus, le témoignage d'un évêque ne sera peut-être pas indifférent à Votre Excellence ; c'est à la pureté des principes, à l'élévation des sentimens, à l'application infatigable de M. *Desquiron de St.-Agnan,* que j'ai l'honneur de connaître particulièrement, que mon cœur me presse de rendre cet hommage. Quoiqu'il n'y ait pas encore deux ans qu'il se trouve au milieu de nous, il n'y a cependant qu'une voix sur son compte : son amour pour la justice, sa fermeté à la faire rendre indistinctement à tous, la solidité, la chaleur et la décence de ses plaidoyers, l'aménité de ses manières, lui ont concilié l'estime et l'affection générale de ses concitoyens ; juges et cliens, adversaires et simples auditeurs, je les ai tous entendus faire l'éloge de ce jeune et intéressant magistrat.

Une telle conduite, jointe à des talens distingués, ne nous laisse guère d'espoir de le posséder long-temps à Mayence ; mais le seul intérêt du plus grand bien doit mouvoir le cœur et la plume d'un évêque, surtout quand c'est à l'organe même de la justice et de la sagesse qu'il a l'honneur de parler.

Recevez, Monseigneur, avec bonté, l'hommage de mon profond respect.

JOSEPH-LOUIS COLMAR, évêque de Mayence

20 Mars 1808.

N.º II. — *Copie littérale de la lettre du duc de Valmi.*

Je recommande aux bontés de Votre Excellence M. *Desquiron de St.-Agnan*, procureur impérial à Mayence. Ce magistrat s'est fait distinguer par ses talens et estimer par sa conduite. J'apprends qu'il doit se rendre à Paris, et d'après l'intérêt que je lui porte, je prie Votre Excellence de ne pas le perdre de vue et de lui procurer de l'avancement aussitôt que l'occasion s'en présentera, je lui en serai très-obligé.

J'ai l'honneur d'assurer Votre Excellence de toute ma considération et de tout mon attachement.

Le maréchal d'empire, sénateur,

KELLERMAN, duc de Valmi.

13 Mars 1808.

N.º III. — *Copie littérale de la lettre de M. le procureur-général.*

Monseigneur, le gouvernement s'occupe de rendre à la magistrature son ancienne dignité, souffrez que je saisisse cet instant propice pour renouveler à Votre Excellence tout ce que j'ai eu l'honneur de lui dire sur le mérite rare et modeste de M. *Desquiron de St.-Agnan*. Ce jeune magistrat a su se concilier, pendant son séjour à Mayence, tous les suffrages et mériter l'estime générale. Tous ceux qui ont le bonheur de le connaître, en admirant ses talens et sa conduite, ont pris un vif intérêt à son avancement.

Honoré jusques à ce jour de la confiance du gouvernement, j'ai pensé y acquérir de nouveaux droits en fixant les yeux de Votre Excellence sur un sujet qui, par son zèle,

son application et l'étendue de ses connaissances , peut rendre à Sa Majesté d'importans services.

Agréez , Monseigneur, etc.

Le procureur-général , Tissot.

20 Mars 1808.

N.° IV. — *Copie littérale de la lettre de M. le Préfet du Mont-Tonnerre.*

Monseigneur , M. *Desquiron de St.-Agnan ,* procureur
impérial , veut bien attacher quelque prix au témoignage
que je puis rendre à Votre Excellence de sa conduite et de
ses talens. Quoique placé dans un ordre de fonctions différent du sien , j'ai pensé , Monseigneur, que vous daigneriez
accorder quelque confiance à un administrateur qui a eu
l'honneur de travailler sous vos ordres , et dont la vérité a
toujours guidé la plume. M. *Desquiron de St.-Agnan*
s'est montré dans sa place également instruit et courageux ,
toujours animé de l'esprit de son état , et (ce qui donne du
prix à ses autres qualités) supérieur à une foule de petites
passions et de méprisables intrigues qui , dans les départe-
mens de la rive gauche du Rhin , ont plus d'une fois déshonoré , sinon les Tribunaux , *au moins* quelques-uns des
membres qui les composent. Aussi , par une suite bien naturelle de l'ascendant que la probité réunie aux lumières
exerce toujours sur l'opinion, M. *Desquiron de St.-Agnan*
a su se faire estimer généralement par un public encore p u
disposé en faveur des Français venus de l'intérieur. Dans
le Tribunal même les hommes dont la réputation est faite ,
tels que MM. *Bodmann , Merkel* et *Stéphani ,* l'élite de
nos juges , lui ont accordé une considération extrêmement

flatteuse ; bon mari , bon père de famille , partagé entre ses devoirs publics et ses devoirs domestiques , il a montré en sa personne l'antique et vrai caractère du magistrat , et tout cela dans un âge où tant d'autres se livrent à leurs plaisirs et croient que le moment n'est pas encore venu de s'adonner aux affaires. M. *Desquiron de St.-Agnan* , Monseigneur, est digne de vos bontés, et je serai trop heureux si vous daignez , en l'honorant de votre puissante bienveillance , accueillir avec bonté l'hommage du profond respect avec lequel je suis , Monseigneur, le très-humble et obéissant serviteur.

Le Préfet du Mont-Tonnerre , Jeanbon St-André.

La réputation de M. *Desquiron de St.-Agnan* l'avait suivi dans le pays où il devait exercer des fonctions austères. Consulté par les princes de la Confédération germanique sur l'introduction dans leurs états de la législation française, il composa, sous le titre de *Clé du Code Napoléon* , un opuscule qui fixa près de lui les plus éclairés des conseillers intimes de ces princes ; plusieurs vinrent puiser dans les leçons du jeune magistrat des règles et des formes qui leur étaient étrangères.

Son Altesse Sérénissime le prince de Nassau-Usingen, qui avait reçu en hommage le livre qui a pour titre : l'Esprit des Institutes de Justinien, adressa à son auteur la lettre autographe qu'on va lire :

M. le procureur impérial, j'ai reçu, avec bien de la reconnaissance, votre excellent livre. Cet ouvrage, qui vous fait infiniment d'honneur, m'a été d'autant plus agréable, que j'ai pu l'envoyer sur le champ au président de ma Cour suprême d'appel, dont un membre distingué est chargé de comparer les principes du Code Napoléon avec les institutions usitées dans les Tribunaux de mon duché.

Veuillez, M. le procureur impérial, recevoir, avec mes sincères remercîmens, l'assurance de la considération très-distinguée avec laquelle je suis, Monsieur, votre très-humble et obéissant serviteur.

Frédéric, duc de Nassau-Usingen.

Deux jours après, M. Desquiron de St-Agnan reçut la lettre suivante :

M. de Bismarkc, maréchal de la Cour de Son Altesse Sérénissime le duc Frédéric de Nassau-Usingen, a l'honneur d'inviter, de la part de Son Altesse Sérénissime, M. Desquiron de St-Agnan à venir dimanche prochain dîner au château de Biebrich.

Il a bien l'honneur de le saluer humblement.

Bismarkc, maréchal de la Cour.

Les ordres du prince étaient à peine connus à la Cour suprême d'appel siégeant à Hadamar, que tous les membres de cette Cour désignèrent spécialement le baron Harscher d'Almendingen, leur collègue, lequel sollicita de Son Altesse Sérénissime l'autorisation d'aller supplier M. Desquiron de St-Agnan de lui accorder des conférences particulières et de le diriger dans l'étude du Code Napoléon.

Cette autorisation ayant été accordée, le baron d'Almendingen se rendit à Mayence, où pendant deux mois consécutifs il assista aux conférences particulières du jeune magistrat, et ne cessa de suivre toutes les audiences où il devait porter la parole.

Voici en quels termes le baron d'Almendingen écrivit à M. Desquiron de S.ᵗ-Agnan, au mois de Février 1808 :

Arrivé au temple de la justice, je vis bientôt que les pontifes B. B. et G.*** n'auraient pas été à même de m'éclairer sur les mystères du culte ; il me fallait des communications plus intimes, plus suivies ; il me fallait enfin faire la connaissance du jeune prêtre de Thémis, chéri et inspiré par la déesse qui a daigné s'intéresser à mon sort. Oui, ma candeur, ma simplicité, mon vif désir de m'instruire, ont trouvé grâce auprès de lui, et il m'a jugé digne d'être initié.

Cette lettre fut accompagnée d'*un gage précieux* de la vérité des sentimens de Son Altesse Sérénissime.

M. Desquiron de S.ᵗ-Agnan avait fait présenter à Sa Majesté impériale, l'empereur François I.ᵉʳ d'Autriche, son livre de l'esprit des Institutes.

Voici la réponse flatteuse qu'il reçut au sujet de cet envoi :

Monsieur, Sa Majesté impériale, royale et apostolique, a reçu avec plaisir et intérêt l'ouvrage intitulé : Esprit des Institutions de Justinien, sorti de votre plume, et dont vous avez bien voulu lui faire envoi.

Elle me charge de vous transmettre la grande médaille d'or du mérite civil, ci-jointe, comme une marque de sa bienveillance et de l'estime qu'elle se plaît à vouer aux personnes qui, comme vous, Monsieur, se rendent utiles à la Société en lui consacrant leurs lumières.

En m'acquittant des ordres de mon souverain, je me félicite d'y pouvoir joindre l'assurance de la considération

distinguée avec laquelle j'ai l'honneur d'être , Monsieur .
votre très-humble et obéissant serviteur.

A Paris , le 8 Septembre.

L'ambassadeur d'Autriche près la Cour de France ,

METTERNICH.

Depuis ce jour M. Desquiron de S.ᵗ-Agnan a continué à jouir des bontés de Sa Majesté impériale et royale et d'en recevoir les plus nobles témoignages.

Un décret impérial du mois de Mars 1808 avait réglé les droits des Israélites en France, et les Tribunaux de la rive gauche du Rhin éprouvaient les plus grandes difficultés pour appliquer les dispositions de cette loi nouvelle. Invité par ses collègues à écrire sur cette matière importante, M. Desquiron de S.ᵗ-Agnan publia bientôt un commentaire avec cette épigraphe modeste : *Tentare juvat*.

Nous recueillerons ici l'analyse qui fut faite de cet ouvrage dans la *Gazette de Mayence ,* par l'un de ses rédacteurs le plus en possession de l'estime de ses concitoyens , par son savoir et sa vertu :

Cette production d'un jeune savant dont les premiers pas dans la carrière des sciences ont été marqués par des succès brillans , réunit à un mérite réel et indépendant des circonstances , celui d'être le premier essai qui ait paru sur le décret du 17 Mars , inséré dans le Bulletin des lois , dont cet ouvrage nous donne l'interprétation pour un grand nombre de cas.

L'épigraphe qui se trouve à la tête du livre indique suffisamment quelle est l'opinion que l'auteur a lui-même de son ouvrage. Modeste autant qu'il est savant , il n'a point la prétention d'avoir épuisé la matière qu'il traite ; il croit livrer au public quelques réflexions justes et vraies sur le sens d'une loi dont l'application est assez fréquente et liée à des intérêts si divers et tellement compliqués, qu'on peut regarder avec raison un tel travail comme très-utile et digne des plus grands éloges.

La notice historique sur l'existence civile et politique des Juifs, qui précède le commentaire, contient en peu de mots les idées nécessaires à ceux qui ne sont pas versés dans l'histoire de ce peuple.

Il faut que nous rendions cette justice à l'auteur d'avoir évité dans cette occasion un écueil bien dangereux, celui de n'être pas tombé dans des déclamations inutiles sur la dégénération morale des Juifs, aujourd'hui un des plus fréquens lieux communs dans la philosophie, dont nos jeunes écrivains ne manquent guère de profiter pour étaler les richesses de leur éloquence. Notre auteur sait conserver partout une impartialité qui doit inspirer la plus grande confiance dans ses opinions.

Le commentaire contient des observations qui prouvent, de la part de l'auteur, un coup-d'œil juste, sûr et profond. Quelques passages que nous citerions si l'espace de cette feuille le permettait, décèlent un esprit méditatif de nature et d'habitude, une logique qui ne se dément jamais

Nous ne dirons encore que quelques mots relativement à l'ouvrage, c'est que l'auteur a eu la satisfaction de voir beaucoup de ses opinions tout à fait conformes à des décisions prononcées en cette matière par des Tribunaux supérieurs.

Si des talens distingués ont des droits à l'estime de la société, alliés à des vertus qui honorent l'homme, le citoyen et le magistrat, ils doivent en emporter l'admiration.

L'auteur, encore jeune, offre un bel exemple d'une âme enflammée du désir d'être utile, et qui préfère de consacrer à des travaux rudes et pénibles les veilles que tant d'autres passent dans le sein des plaisirs et des dissipations.

Au surplus, la marque d'estime distinguée, offerte à l'auteur par Sa Majesté impériale, royale et apostolique, dont nous avons déjà entretenu nos lecteurs, est plus que justifiée par le mérite éminent du jeune écrivain que la patrie reconnaissante mettra un jour au nombre de ses magistrats les plus intègres et les plus éclairés.

Au mois de Septembre 1819, M. Desquiron de Saint-Aguan publia des considérations philosophiques sur l'existence civile et politique des Israélites en France. Cet ouvrage, dicté par la plus pure philantropie, avait pour but de fouler aux pieds les préjugés qui, jusques à ce jour, avaient rejeté de la société civile une nation tout entière.

Son apparition fut un coup de foudre pour l'intolérance de cette époque. M. Desquiron de St.-Agnan, voulant désormais fixer son domicile à Paris, pour s'y livrer avec plus d'ardeur au besoin d'apprendre qui le dominait, fit agréer sa démission des fonctions de magistrature qu'il avait jusque-là remplies avec tant de droiture, dans les termes suivans :

A Son Excellence le ministre de la justice.

Monseigneur, attendu que la charge que j'exerce à Mayence, propre à mon début dans la carrière, ne saurait convenir pour long-temps à un père de famille qui se trouverait dans l'obligation de transférer son ménage et sa fortune loin du centre de ses affections;

Attendu qu'elle ne saurait convenir davantage à un juris-consulte qui traîne après lui de longues veilles et peut-être quelques succès ;

Attendu que la composition (en partie) du Tribunal de Mayence ne permet pas à un magistrat intègre de faire tout le bien que son devoir lui impose ;

Attendu que les rivages du Rhin sont dangereux pour les tempéramens qui portent avec eux un vice fébrile , ce qui est précisément le cas où je me trouve placé,

Je me vois contraint , Monseigneur , par tous ces motifs, à supplier Votre Excellence de solliciter près de Sa Majesté son agrément pour me démettre de la charge qu'elle avait daigné me confier.

Ainsi , M. Desquiron de S.ᵗ-Agnan , vers les derniers jours de 1809, rentra dans la carrière de l'indépendance, et sa vie privée fut ce qu'avait été sa vie publique.

Bientôt à la publication de ses considérations sur l'existence civile et politique des Israélites en France , il fit succéder un commentaire sur les majorats.

Voici le compte qui en fut immédiatement rendu par le *Moniteur Universel:*

Commentaire sur le statut impérial du 1.ᵉʳ *Mars* 1808, *concernant les majorats ;* précédé d'une dissertation sur les récompenses militaires et civiles de France , considérées dans ce qu'elles furent sous les anciennes dynasties, et dans ce qu'elles sont sous Napoléon-le-Grand ; suivi des lois et actes relatifs aux titres héréditaires , ainsi qu'à la création , à l'organisation , à la dotation de la Légion-d'Honneur et de l'ordre des Trois Toisons d'or : dédié à Son Altesse Sérénissime le prince Cambacérès , archi-chancelier de l'Empire.

Le gouvernement monarchique , dit Montesquieu (Esprit des Lois , livre 3, chap. 7), suppose des prééminences, des rangs , et même une noblesse d'origine. La France , abandonnant le gouvernement démocratique pour repasser à la monarchie , gouvernement plus approprié à la grandeur de son territoire et aux mœurs des Français , l'institution d'une noblesse devenait nécessaire : elle a été créée par les décrets impériaux du 30 Mars 1806 , et le sénatus-consulte du 14 Août de la même année ; le statut impérial du 1.er Mars 1808 , sur la formation et la conservation des majorats , a mis le sceau à cette œuvre du génie et de la politique.

La noblesse est donc recréée en France , mais cette institution est , sous beaucoup de rapports , différente de ce qu'était autrefois l'ancienne noblesse. L'ouvrage de M. Desquiron de S.ᵗ-Agnan fait connaitre ces différences dans une dissertation bien écrite et sagement pensée , qui précède son commentaire sur le statut impérial concernant les majorats. C'est ce commentaire qui forme la partie principale de son ouvrage , et qui sera la plus utile au public.

Il explique et développe le véritable sens de chaque article du statut impérial , fait remarquer la profonde sagesse et la haute politique qui en ont dicté toutes les dispositions ; enfin il propose la solution d'un très-grand nombre de questions de droit, auxquelles la formation et la conservation des majorats ont déjà donné naissance , et sur lesquelles les jurisconsultes étaient divisés.

Nous pensons que cet ouvrage, qui sort de la plume d'un magistrat déjà connu très-avantageusement par les livres de jurisprudence qu'il a publiés , sera bien accueilli du public, et qu'on doit savoir gré à l'auteur d'avoir, en le publiant , donné un guide sûr aux personnes qui sont dans le cas de demander la formation d'un majorat , aux jurisconsultes qui sont consultés sur les droits qui résultent de la création d'un majorat , et des avis très-importans à tous ceux que leurs professions ou leurs affaires mettent dans la nécessité de traiter ou contracter avec les personnes qui ont formé ou qui possèdent des majorats.

Le 7 Décembre suivant M. Tuault de Golven , faisant hommage au Corps Législatif du *Commentaire sur le décret impérial concernant les majorats ,* s'exprime en ces termes :

Messieurs , M. Desquiron de S.ᵗ-Agnan , jeune magistrat , dont le mérite a devancé les années , m'a chargé de vous présenter son *Traité sur les majorats.*

J'ai cru cette offrande d'autant plus digne d'être accueillie par le Corps Législatif , que l'auteur , pour première récompense de ses veilles , a eu non-seulement le précieux avantage d'en faire agréer la dédicace à Son Altesse Sérénissime le prince archi-chancelier de l'Empire , mais encore celui de le déposer aux pieds du trône , et d'attirer sur lui un regard de bonté de notre auguste souverain.

Cet ouvrage , Messieurs , qui soutient dignement la réputation de son auteur , n'est pas le seul qui soit sorti de sa plume ; déjà il avait savamment conféré les principes des lois romaines avec ceux du *Code Napoléon ;* ce fruit, d'un travail pénible , lui a mérité la bienveillance de ses concitoyens, et pourra fixer sur lui la reconnaissance de sa patrie.

Un désir que je me permets de manifester , c'est de voir un jour ce jurisconsulte estimable consacrer sa vie à l'enseignement , et professer ce Code immortel que la France vient d'ajouter aux monumens de sa gloire et d'offrir à l'admiration des peuples.

Je demande, Messieurs, que le Corps Législatif accepte cet hommage, en ordonne le dépôt dans ses archives, et qu'il en soit fait mention au procès-verbal.

Le Corps Législatif, après avoir entendu ce discours, agréa l'hommage qui lui était fait, arrêta qu'il en serait fait mention au procès-verbal, et ordonna le dépôt de l'ouvrage à sa bibliothèque, et l'impression du discours de l'orateur (1).

Au mois de Juin 1810, M. Desquiron de St-Agnan, toujours infatigable dans ses travaux, donna au public son *Traité de la Minorité, de la Tutelle, et de l'Émancipation ;* et pour faire connaître à la fois le plan, l'ordre et la méthode adoptés dans la composition de cet ouvrage, nous nous bornerons à recueillir les divers articles dont il est devenu le sujet.

Extrait du Courrier de l'Europe, du 27 Juin 1810. — Puisque la science des jurisconsultes nous est devenue nécessaire, sachons apprécier ceux dont les utiles travaux jettent du jour sur des questions dont dépend l'intérêt et le sort des familles, et arment contre les détours de la ruse et les efforts audacieux de la chicane le bon droit du faible et de l'opprimé, de la protection tutélaire des lois et de toutes les lumières de la vérité.

Parmi ces laborieux et respectables ministres de *Thémis* se présente avec honneur dans la carrière M. Desquiron de St-Agnan, qui jeune encore s'est déjà fait connaître par plusieurs ouvrages autant estimés sous le rapport de la science, qu'estimables par la générosité des sentimens, l'amour de la justice et de l'humanité dont ils sont profon-

---

(1) Voyez le *Moniteur* du 8 Décembre 1809.

dément empreints. Nous sommes persuadés qu'à cet égard son nouveau *Traité de la minorité* ne fera qu'ajouter à sa réputation. La matière qu'il a choisie est en effet une de celles que la société dépose avec le plus d'intérêt dans le sein de la justice, et que celle-ci entoure d'une protection plus attentive, plus solennelle, je dirais même plus tendre et plus auguste. Le titre seul de l'ouvrage réveille des idées sacrées ; et chez tous les peuples, dans toutes les religions, un sentiment de pieuse bienveillance semble attaché au nom de *la veuve* et de *l'orphelin*, tandis que leur ennemi, leur spoliateur, est l'objet des malédictions du ciel et de l'exécration des hommes. Leur cause sollicitait donc le cœur et les talens de M. Desquiron de S ^t-Agnan. Comme il le remarque dans un court avertissement, les principes qui doivent régler et décider toutes les questions de tutelle et de minorité, ont été sans doute posés avec la plus profonde sagesse, par la législation nouvelle ; mais son expérience, acquise par quelques années d'exercice de la magistrature et dans les fonctions du ministère public, lui a fait sentir l'importance de l'étude approfondie des lois qui intéressent l'état des hommes, et principalement les pupilles et les orphelins.

« Appelé, dit-il, à défendre les êtres les plus faibles, j'ai
» vu souvent la cupidité se déguiser sous toutes les formes
» pour les dépouiller du patrimoine qu'ils tenaient de leur
» père, et je n'ai pu me dissimuler que dans toutes les
» classes de la société, il existait des abus effrayans dans
» l'administration des biens des mineurs. Chaque jour ame-
» nait pour moi une difficulté nouvelle ; chaque jour m'of-
» frait une nouvelle intrigue à déjouer ; chaque jour ame-
» nait une nouvelle étude ».

Le traité annoncé ici est le fruit et de ces études et, ce qui vaut peut-être mieux encore, de cette expérience qui

a dû être d'autant plus profitable à l'auteur , que les observations d'un esprit exact et juste étaient toujours guidées
par une âme honnête et vertueuse.

Des décisions appuyées de l'autorité des Tribunaux, éclairées des lumières qu'ont répandues sur les mêmes objets
les jurisconsultes les plus célèbres, et notamment le savant
Ferrière, à qui l'auteur avoue devoir beaucoup , rendront
ce traité utile aux praticiens. Ils y trouveront un guide sûr
et commode par la clarté, l'ordre, la méthode qui en ca-
ractérisent la rédaction, et qui montrent qu'aux connaissances de son état M. Desquiron de S.ᵗ-Agnan joint les
qualités qui constituent le bon écrivain. Tel nous a paru
être , en effet, le mérite de cet ouvrage , qu'en même temps
que nous osons lui prédire un plein succès dans le temple
des lois, nous pensons aussi que l'importance de son objet
et le mérite de son exécution le feront rechercher des gens
du monde qui ne craignent point une étude un peu sérieuse ,
et que leur situation domestique oblige d'accorder quelqu'intérêt à des questions auxquelles la nature condamne
presque toutes les classes à prendre part et qui concernent
si directement le sort des individus , l'existence sociale des
familles et même la bonne administration des biens et des
propriétés.   G..... D.

Extrait du Moniteur, *du* 1.ᵉʳ *Juillet* 1810. — Un traité
de la Minorité, de la Tutelle et de l'Emancipation est un
bienfait pour la société tout entière. M. Desquiron de S.ᵗ-
Agnan, déjà recommandable , à juste titre, par plusieurs
ouvrages de jurisprudence , dont le succès n'est plus in-
certain, après avoir reconnu cette vérité , a fait de cette
matière difficile le sujet de ses méditations.

Son livre est divisé en trois parties.

La première traite de la Minorité. L'auteur y considère

l'homme dans ses différens états. « Enfant , dit-il , il a be-
» soin du secours de ses semblables ; adolescent, il sent qu'il
» n'existe pas pour lui seul, il cherche à s'associer une com-
» pagne ; dans l'âge mûr, il est placé entre ceux dont il tient
» le jour et ceux qui le tiennent de lui; dans la vieillesse
» enfin , qui n'est pour lui qu'une enfance nouvelle , plus
» faible qu'il ne le fut jamais, il ne vit, il ne respire que par
» le secours des êtres qui l'environnent, chaque jour ses
» forces décroissent tant au moral qu'au physique, il tou-
» che à la caducité, et bientôt à la mort ».

La seconde partie est consacrée à la Tutelle. M. Desquiron de St-Agnan remonte à son origine. Maître de sa matière, il recherche tous les points d'accord , de ressemblance et de différence entre les lois romaines et les lois qui
nous régissent.

Il examine les tutelles dans le caractère qui leur est propre , et après avoir fait remarquer ce qu'elles étaient à
Rome , ce qu'elles furent en France sous l'ancienne monarchie , il s'applique à enseigner ce qu'elles sont sous l'empire
du Code Napoléon.

Partout M. Desquiron de St-Agnan se montre érudit,
partout ses décisions portent l'empreinte de la sagesse ; de
nombreux arrêts, qu'il rapporte , viennent toujours à l'appui de sa doctrine, et pour résoudre les questions qui se présentent, non-seulement il s'environne de toute la force des
principes , mais encore des opinions des jurisconsultes les
plus célèbres.

La troisième partie a pour objet l'Emancipation. L'auteur y examine tous les effets de la puissance paternelle , et
fait considérer l'émancipation comme le dernier acte de cette
puissance. Ici, comme ailleurs, il développe des connaissances profondes , en conférant les règles du droit romain
avec celles qui sont passées dans nos mœurs.

Le traité de la Minorité est suivi d'un traité succinct, théorique et pratique des partages et licitations. Ce petit ouvrage, comme celui qui le précède, est écrit avec un esprit d'ordre et de méthode digne des plus grands éloges. Il intéresse toutes les classes de la société, puisqu'il a pour but de prévenir la ruine des mineurs, qui sont les êtres les plus faibles.

Il ne sera donc pas nécessaire d'être jurisconsulte, notaire, juge de paix, greffier, etc., pour lire avec fruit les deux ouvrages que nous annonçons; il suffira d'être citoyen et père de famille.

Extrait du Publiciste, du 5 Août 1810. — Parmi les ouvrages de jurisprudence qu'a fait éclore le Code qui régit l'Empire, celui que nous annonçons doit tenir un rang distingué, tant par l'importance des matières qui le composent que par l'ordre, la clarté et la précision que l'auteur a su employer dans le développement des principes du Code sur des objets d'une importance aussi majeure que la minorité, la tutelle, l'émancipation, les licitations et les partages. Tous ces objets sont réglés par le Code : il restait à en établir la jurisprudence par des rapprochemens, tirés tant du texte même de la loi que du droit romain, et de tous les ouvrages des plus célèbres jurisconsultes, et à en faire des applications justes et lumineuses. Tel est le but que s'est proposé M. Desquiron de S.ᵗ-Agnan, but auquel il semblait également appelé par ses lumières et son expérience.

Obligé par état, ainsi qu'il l'annonce dans son modeste avertissement, à défendre les êtres les plus faibles, révolté des abus qui se glissaient dans cette partie de notre jurisprudence ; ayant eu sans cesse à combattre la cupidité, à déjouer de nouvelles intrigues, nul n'était plus capable que lui d'éclairer ceux qui auront la même carrière à parcourir

Non - seulement M. Desquiron de S.ᵗ-Agnan a dignement rempli son but, mais il a su donner à son ouvrage un degré d'intérêt dont il semblerait que cette matière fût peu susceptible. Ses citations, ses notes textuelles et autres jettent la lumière la plus vive sur la matière qu'il traite, et l'on peut se flatter que les abus contre lesquels il s'élève seront désormais moins fréquens.

Le genre de cet ouvrage n'admettant point d'analyse en forme, nous nous voyons forcés de nous réduire à l'indication très-sommaire de ses divisions. Trois parties, subdivisées en chapitres, sections et paragraphes, le composent.

La première n'est qu'une introduction aux deux autres, qui bien que plus étendues en sont le résultat et en forment le complément.

L'auteur y établit l'état de faiblesse de l'enfance et le besoin du secours d'un guide, tant au moral qu'au physique, jusqu'à l'âge fixé par la loi, comme terme de la minorité.

La seconde partie traite de la tutelle et de son origine. Il y a plusieurs sortes de tutelles ; l'auteur distingue leur caractère. La première sorte s'applique aux mineurs non émancipés et aux pupilles orphelins ; elle a pris sa source dans le droit naturel : la seconde aux majeurs interdits ; la troisième se compose de la tutelle testamentaire, de la tutelle légitime, et de la tutelle dative.

Il devient absolument impossible de suivre l'auteur dans des citations aussi nombreuses que judicieuses, qui remplissent cette partie, et moins encore de rapporter les décisions de divers Tribunaux et Cours de justice, concernant des contestations sur le droit de tutelle. C'est dans l'ouvrage même qu'il faut chercher ces faits importans.

La troisième partie traite de l'émancipation d'après le Code Napoléon, montre jusqu'où s'étend en faveur du mineur, cette faculté, et aussi dans quel cas elle peut être révoquée.

Le traité des partages et des licitations se rattache encore à celui de la tutelle, puisque les mineurs sont souvent appelés, par l'ordre de la nature ou par la bienfaisance, à partager un héritage ou recueillir un legs. Les licitations sont l'effet des partages. L'auteur fait remonter l'origine des partages jusqu'à la loi des Douze Tables. Il la trouve dans les titres du *Digeste et du Code*. Il éclaire ses lecteurs en rapportant divers arrêts et procès-verbaux de partage, dont la lecture et la méditation ne peuvent qu'être infiniment utiles.

Nous terminons, en observant que cet ouvrage est d'une utilité majeure, non-seulement aux gens de loi, mais à tous les citoyens, parce qu'il n'en est point qui ne puisse être personnellement intéressé dans cette matière, soit pour révendiquer un droit légal, soit pour éviter le dommage qu'entraînent les discussions que la chicane rend interminables. Ce nouveau travail ne peut manquer de faire honneur à M. Desquiron de St-Agnan, auteur de l'*Esprit des Institutes* et de plusieurs autres ouvrages de jurisprudence très-estimés.

Extrait du Journal de Paris, du 19 *Juin* 1810. — Les avocats, les jurisconsultes, les magistrats eux-mêmes n'apprendront pas sans intérêt, qu'il vient de paraître un *Traité de la Minorité, de la Tutelle et de l'Émancipation*, par M. A. T. Desquiron de St-Agnan, jurisconsulte, membre de l'Académie des sciences d'Erfurt. Cet ouvrage, sur un sujet si délicat, n'est pas seulement le fruit des méditations de l'auteur, il est encore celui de son expérience. « Livré, dit-il, pendant quelques années de ma vie à l'exercice de la magistrature, exclusivement attaché aux fonctions du ministère public , j'ai senti combien il était important de faire une étude approfondie des lois qui intéressent l'état des hommes, et principalement les pupilles et les orphelins.

» Appelé à défendre les êtres les plus faibles, j'ai vu souvent la cupidité se déguiser sous toutes les formes, pour les dépouiller du patrimoine qu'ils tenaient de leurs pères, et je n'ai pu me dissimuler que , dans toutes les classes de la société , il existait des abus effrayans dans l'administration des biens des mineurs ».

Extrait du même Journal, 15 *Août* 1810. — Nous avons annoncé dans notre feuille du 19 Juin , un ouvrage de jurisprudence , intitulé : *Traité de la Minorité , de la Tutelle et de l'Émancipation ,* suivant les principes du Code Napoléon ; par A. T. Desquiron. Nous dirons aujourd'hui , avec plus de connaissance de cause , que cet ouvrage est recommandable par un esprit d'ordre et de méthode qui en rend la lecture aussi facile qu'elle est utile. Dans la première partie qui traite de la minorité , l'auteur prend l'homme au moment de sa naissance , en suit les développemens, examine ses besoins dans ses différens états, avant son affranchissement de la puissance paternelle ; puis passant à l'époque de la vie où la majorité est censée acquise, il jette un coup-d'œil rapide sur les variations qu'a souffertes ce point de la législation chez les divers peuples de la terre , et il donne de justes éloges à la sagesse du législateur qui a reconnu qu'il était de l'intérêt de la société de rendre l'homme à lui-même, à l'âge de vingt et un ans accomplis.

Dans la seconde partie , M. Desquiron remonte à l'origine de la tutelle, et c'est chez les Grecs, dans la patrie de *Minos*, de *Solon*, de *Lycurgue* , qu'il découvre les pre-

mières idées d'une institution qui , plus étendue et plus sagement réglée dans ses effets, a trouvé place dans la *loi des
Douze Tables* , et successivement dans tous les Codes des
nations policées.

Il est question , dans la troisième partie , de l'émancipation , l'un des actes les plus importans de la vie , et dont il
fixe l'époque à l'âge de quinze ans , époque de la puberté
présumée. On voit par cet aperçu rapide que ce livre intéresse toutes les classes de la société , et mérite d'être recommandé aux chefs de famille autant qu'aux jeunes gens qui
se destinent à l'étude des lois et de la jurisprudence.

Le *Traité de la Minorité* était à peine connu du public , que M. Desquiron de S.ᵗ-Agnan fit paraître son
Nouveau Furgole , ou *Traité des Testamens et des donations entre vifs* , *suivant les principes du Code Napoléon*. — Cet ouvrage, qui avait été annoncé depuis
près de quatre années, était encore sous presse , que
l'auteur anonyme d'un livre qui a pour titre : *Coup-
d'OEil sur le Code Napoléon en Allemagne* , s'empressa
d'en faire connaître l'utilité à raison de la matière, et le
mérite à cause de l'exécution (1). Bientôt les journaux
de la capitale suivirent cet exemple , et fixèrent enfin
M. Desquiron de S.ᵗ-Agnan au rang des plus utiles interprètes de nos lois et des écrivains les plus recommandables. Nous rapporterons un extrait de leurs articles.

Extrait du Télégraphe littéraire, du 16 Août 1810. —
La réputation de *Furgole* est faite depuis long-temps : son
livre sur les testamens a été considéré pendant près d'un
demi-siècle, par les Légistes les plus célèbres , comme le
chef-d'œuvre de l'esprit humain , complément de la législation sur cette matière importante.

______

(1) *Voyez* p. 107 et 120 jusqu'à 126.

(36)

Le changement de nos lois civiles était loin sans doute
de porter atteinte à la gloire de ce savant interprète des
lois, mais on ne peut se dissimuler que son ouvrage sur
les dispositions testamentaires ne présentait plus le même
degré d'utilité.

Il était donc nécessaire qu'un jurisconsulte studieux, ami
de sa patrie, initié dans les secrets de la science, consacrât
ses veilles à donner une édition nouvelle du Traité de *Furgole* appropriée aux lois sages qui régissent aujourd'hui
l'Empire.

Cette entreprise aussi glorieuse qu'elle était hardie a été
faite par M. Desquiron de S.ᵗ-Agnan, que plusieurs ouvrages de jurisprudence ont déjà placé au rang des interprètes les plus recommandables.

Il était difficile sans doute de supprimer dans le traité
des testamens ce qui n'avait plus aucun rapport avec notre
droit actuel, de changer et de modifier ce qui n'y avait
plus que des rapports partiels ou éloignés; mais il était plus
difficile encore de s'élever jusqu'à la hauteur du génie de
Furgole, afin de l'imiter pour la partie du droit dans les
matières nouvelles qui ne pouvaient se trouver dans l'ancien
ouvrage.

Ces difficultés, M. Desquiron de S.ᵗ-Agnan les a sur-
montées avec une supériorité de talens digne des plus grands
éloges; il a su donner à son travail une physionomie nouvelle. La clarté, la précision, la gravité, l'abondance du
style s'accordent avec la justesse des idées, et tout indique
que le nouveau *Furgole* est destiné à redevenir, de nos
jours, ce qu'a été l'ancien ouvrage de *Furgole* sous l'ancienne monarchie, c'est-à-dire, le manuel des Magistrats et
des Jurisconsultes.

Extrait du Courrier de l'Europe, du 1.ᵉʳ Septembr

1810. — On a déjà payé un tribut d'éloges aux efforts de l'auteur studieux qui depuis l'émission de nos lois civiles a pensé qu'il aurait travaillé efficacement pour sa gloire, s'il parvenait à approprier aux principes de ces mêmes lois le savant et profond ouvrage de *Furgole sur les testamens*.

On a déjà remarqué avec autant de justice que de raison, que cette entreprise était à la fois utile et délicate (1).

C'est pourquoi, laissant à l'écart ces considérations générales, nous nous bornerons à suivre l'auteur dans le développement de ses idées, et dans l'exécution du plan judicieux qu'il s'est tracé.

En général, M. Desquiron de S.ᵗ-Agnan s'est complu à adopter la doctrine de *Furgole* pour base de son nouveau Traité, mais dans tous les cas il ne s'est pas montré l'esclave des opinions du savant docteur qu'il avait choisi pour modèle. Fort de sa propre expérience, fort de la connaissance des principes, également respectueux pour la mémoire de *Furgole* et pour la cause de la vérité, il n'a point balancé à désigner l'erreur chaque fois qu'elle s'est montrée à lui

Ainsi, par exemple, *Furgole* après plusieurs légistes célèbres avait enseigné que l'origine des testamens devait être rapportée au droit des gens, et M. Desquiron de S.ᵗ-Agnan, embrassant la doctrine du jurisconsulte *Grenier* du Puy-de-Dôme, déclare d'une manière positive que c'est fermer volontairement les yeux à l'évidence que de ne pas voir que l'origine des testamens doit être rapportée au droit public.

Furgole, dans le second chapitre de son ouvrage, avait exposé la définition, la division et les différentes espèces de testamens chez les Romains ; il avait examiné ensuite les

---

(1) *Voyez* le Coup-d'Œil sur le Code Napoléon en Allemagne, pages 20 et suivantes.

testamens qui avaient été introduits en France par les ordonnances anciennes ou par les coutumes , et enfin ceux
dont l'ordonnance de 1735 autorisait l'usage et réglait les
formalités : ici devait naturellement commencer la tâche
pénible du nouvel auteur , et c'est aussi dans cette partie
de son livre qu'il se montre vraiment l'émule et l'héritier
des talens de son modèle. D'abord il s'applique à donner
une analyse claire et méthodique des formes de tester introduites sous le régime du droit intermédiaire , c'est-à-
dire pendant l'époque désastreuse où la législation n'était
plus qu'un chaos. De là il passe aux formes établies par le
Code Napoléon pour les actes de dernière volonté.

La matière des testamens se compose du testament olo-
graphe , du testament par acte public , et du testament dans
la forme mystique ; l'auteur, après avoir fait cette première
distinction , s'occupe des règles particulières sur la forme
des testamens militaires , des testamens faits au temps de
peste , des testamens faits par un Français en pays étran-
gers ; non-seulement il consacre ses soins à faire naître et à
résoudre les difficultés qui peuvent se présenter dans les divers cas de la vie civile, mais encore il propose des formules
propres à chaque espèce de testament.

Vient enfin le moment d'approfondir la capacité active et
la liberté requise pour tester , le pouvoir du testateur , la
quotité disponible , les conditions, les charges et les modes
que le disposant peut imposer, l'institution d'héritier, l'ac-
ceptation ou la répudiation d'une hérédité , les dettes et
charges héréditaires , la révocation des testamens , etc.

Et dans les détails immenses qu'entraîne l'examen de ces
matières délicates , M. Desquiron de S.ᵗ-Agnan soutient
dignement et surpasse même quelquefois le degré de réputation qu'il s'est acquise par ses autres ouvrages ; partout on

reconnaît le jurisconsulte fortement pénétré de l'esprit des lois romaines ; partout on est forcé d'applaudir aux efforts de l'écrivain *qui a su rendre intéressantes par le charme du style* les discussions les plus sérieuses de leur nature.

Furgole n'avait point traité dans son livre des donations *entre vifs*, M. Desquiron de St-Agnan a senti avec le nouveau législateur que les testamens et cette sorte de donations étaient, en droit, deux matières absolument liées, et par suite il l'a considérée comme un accessoire qui tenait inséparablement au principal.

Cette règle établie, il remonte à l'origine des donations en général ; il analyse les différentes formes connues chez les Grecs, chez les Romains, et parmi nous enfin, soit sous l'ancienne monarchie, soit pendant l'interrègne de la révolution, soit sous l'empire de nos lois nouvelles : ici, comme dans la matière des testamens, il applique des formules à chaque espèce de donation *entre vifs* qui, comme on sait, se divisent *en pures et simples, en conditionnelles et en rémunératoires*.

En un mot, le livre que nous prenons plaisir à faire connaître est un traité *ex-professo* sur les actes de dernière volonté ; l'esprit d'ordre et de méthode y règne dans chacune des parties qui le composent ; à la surprenante érudition de *Furgole* se réunit, sans paraître déplacée, l'érudition du jeune savant qui, animé du désir de marcher sur les traces de ces philosophes citoyens, qui font au bien public le sacrifice perpétuel de leur vie, s'est acquis déjà des droits imprescriptibles à l'estime des hommes et à la reconnaissance de sa patrie.

Le nouveau *Furgole*, enfin, semble destiné à devenir le manuel des magistrats, des jurisconsultes, des professeurs et des notaires.

A. B.

Extrait de la Gazette de France, *du* 3 *Septembre* 1810. — Un orateur, dont le talent devança les années, avait remarqué, sous l'ancienne monarchie, que partout où la science du droit serait cultivée, partout où les hommes disposeraient de leurs biens et auraient besoin de recourir aux lois pour les contestations que les bienfaits font naître, le nom de *Jean-Baptiste Furgole* serait connu et révéré.

Son *Traité sur les Testamens* se trouvait alors dans les mains de tout le monde ; les pères de famille y puisaient la connaissance de l'étendue de leur pouvoir ; les jurisconsultes, des armes pour défendre le patrimoine de la *veuve;* et les magistrats, des règles sûres pour administrer la justice dans des cas imprévus et difficiles.

Depuis, un nouveau Code fut promis à la France ; quelques novateurs attendaient sur la législation des idées absolument neuves et diamétralement opposées aux règles qu'on avait si long-temps désignées sous le nom de *raison écrite*. Quelle fut leur surprise lorsque le Code Napoléon leur offrit un Recueil des sages décisions d'*Ulpien*, de *Paul*, de *Papinien*, de *Julien* et de *Gaïus*, mises en harmonie avec nos mœurs et nos usages ! On sentit alors la nécessité de connaître l'ancienne doctrine avant de passer à l'étude des lois nouvelles, et les livres des jurisconsultes, un moment délaissés, furent remis en honneur.

Le *Traité des Testamens*, de *Jean-Baptiste Furgole,* fut le premier des ouvrages que la nouvelle école soumit aux méditations de la jeunesse ; mais s'il était facile au maître expérimenté de *supprimer tout ce qui n'avait plus aucun rapport avec notre droit*, de changer et de modifier *ce qui n'y avait plus que des rapports partiels et éloignés*, cette opération de l'esprit présentait à l'élève mille difficultés insurmontables.

(41)

Les circonstances faisaient donc sentir impérieusement la nécessité de reproduire l'ancien ouvrage de *Furgole*, approprié aux nouvelles lois qui nous régissent ; le travail était immense sans doute, l'entreprise était *périlleuse ;* mais elle avait pour objet l'utilité publique, et ce motif était assez puissant pour déterminer M. Desquiron de St-Agnan à consacrer ses veilles au livre intéressant qu'il publie aujourd'hui sous le titre de *Nouveau Furgole*.

Rapporter historiquement les différens changemens de la législation romaine, résoudre les difficultés qu'elle présentait dans son dernier état, expliquer les maximes de notre ancien droit français, interpréter les ordonnances de nos rois, jeter un coup-d'œil rapide sur la jurisprudence des Cours de parlement, mettre en harmonie les opinions diverses des auteurs, consulter les arrêts des Cours d'appel, les mettre en rapport avec la jurisprudence de la Cour suprême, en pénétrer l'esprit pour en appliquer ensuite les dispositions aux divers cas de la vie civile : tel est le vaste plan que s'est tracé M. Desquiron de St-Agnan, et nous ne craignons pas d'avancer qu'il l'a rempli avec une supériorité de talent digne de l'auteur de l'*Esprit des Institutes*.

Le titre de *Nouveau Furgole* indique sans doute qu'on n'a conservé de l'ancien Traité que les matières qui peuvent être en rapport avec notre jurisprudence ; mais il indique également que les matières nouvelles, c'est-à-dire celles qui, mieux développées, ont été étendues, dans leurs effets, par le nouveau législateur, s'y trouvent soumises à un système doctrinal.

En effet, M. Desquiron de St-Agnan, s'occupant des formes introduites par le *Code Napoléon* pour la confection des testamens, non-seulement émet des principes, mais il s'applique encore à en détruire toutes les conséquenees ; et pour mieux atteindre un but d'utilité générale , il propose des formules qui peuvent intéresser à la fois le professeur , le jeune élève , et surtout les notaires.

Au *Traité des Testamens* de M. *Furgole* , M. Desquiron de S.ᵗ-Agnan a pensé devoir ajouter son propre travail sur les donations entre vifs.

Dans cette partie de son livre , il est facile de distinguer la même érudition et la même sagesse dans la discussion des questions qu'il fait naître , que dans les parties où il a pris *Furgole* pour guide. On remarque , en un mot , dans l'entier ouvrage , un ordre , une méthode qui en garantissent le succès.

Si M. Desquiron de S.ᵗ-Agnan débutait aujourd'hui dans la carrière , nous éprouverions une joie secrète à sourire à ses efforts , et ce serait pour nous un devoir de l'encourager ; mais sa réputation est faite depuis plusieurs années. Six ouvrages de jurisprudence , généralement estimés , ont fixé sa place au rang des hommes qui , par leur zèle et leurs travaux , ont acquis de justes droits à la recommandation publique.   X***.

Extrait du Mercure de France , du samedi 8 *Septembre* 1810. — Lorsqu'en 1745 , Jean-Baptiste Furgole fit hommage au barreau français de son *Traité sur les Testamens* , les journaux se hâtèrent de payer à ses rares talens leur tribut d'éloges.

Le *Mercure de France* , entr'autres , annonça (1) que ce livre était le seul *ex-professo* en cette matière ; il signala son auteur au souverain , comme un sujet recommandable ; à la patrie , comme un écrivain dont elle devait s'honorer ; aux jurisconsultes, comme un modèle qu'ils devaient suivre.

______

(1) Mars , 1745.

Bientôt le roi éleva Jean-Baptiste Furgole à la dignité de capitoul ; sa patrie reconnaissante lui décerna les honneurs d'une statue.

Pendant plus d'un demi-siècle , alors que la France , divisée en provinces , était régie par les lois romaines ou par des coutumes , la doctrine de Furgole fut généralement suivie ; elle était presque toujours , surtout en matière testamentaire , la base des décisions des légistes et des arrêts des Parlemens. Mais depuis que la France a reçu une législation uniforme ; depuis que les coutumes ont disparu , pour faire place à des règles nouvelles , fruit de la sagesse et de la méditation , le *Traité des Testamens* de Furgole n'était plus considéré que comme un recueil précieux , propre , sans doute , à être consulté dans certains cas , mais étranger désormais à la presque totalité de nos usages.

M. Desquiron de St-Agnan , ancien magistrat et jurisconsulte , que le nombre et le mérite de ses ouvrages ont justement rendu recommandable , a formé le projet utile de reproduire le *Traité des Testamens* de Furgole , en l'appropriant aux nouvelles lois qui nous régissent.

Ce livre est offert aujourd'hui au public , sous le titre de *Nouveau Furgole* , et nous avons pensé qu'il appartenait particulièrement au *Mercure de France* de rendre compte à la fois du plan , du style et de l'érudition du nouvel auteur.

M. Desquiron de St-Agnan , dans un avertissement plein de modestie , annonce qu'il a considéré la doctrine de Furgole comme la base de son livre. En effet , tout ce qui , dans l'ancien Traité , pouvait offrir un principe utile , en le conférant avec les dispositions du *Code Napoléon* , a été scrupuleusement conservé.

Toutefois , les temps des verbes , la tournure de certaines

phrases , quelques expressions *vieillies* ont été l'objet de sa sollicitude. Il a senti que Furgole , en parlant aujourd'hui de l'ancienne jurisprudence, ne pouvait s'exprimer au temps présent. Il a reconnu que, depuis l'époque où écrivait Furgole , la langue française avait considérablement étendu son domaine. Il a reconnu enfin que le style du barreau n'excluait ni l'élégance ni la pureté.

A ces travaux , qui supposent toujours dans celui qui les entreprend une constance et une application dignes des plus grands éloges , M. Desquiron de S.ᵗ-Agnan a réuni ceux que nécessitait la nouvelle jurisprudence. Partout règne l'esprit d'ordre et de méthode ; partout on reconnaît le jurisconsulte profondément versé dans la science des lois. Parle-t-il de la forme des testamens ou des donations entre vifs ? à côté de la proposition se trouve l'exemple ; à côté de la théorie se trouve la pratique. Parle-t-il de l'origine des testamens ? il ne suit pas servilement le texte de Furgole , il s'applique à recourir aux sources , à vérifier les citations , et à relever les erreurs qui ont pu s'y glisser, non pas avec le ton de l'orgueil , mais avec ce ton de douceur et de modestie qui caractérise le vrai talent. A-t-il enfin à examiner une question douteuse et controversée ? il met à contribution tous les auteurs qui ont écrit après Furgole , et s'il s'y trouve quelque opinion hasardée , c'est toujours avec le ménagement le plus délicat qu'il se permet d'en faire la remarque.

L'ouvrage que nous annonçons se refuse de sa nature à une analyse ; il faut le lire , le méditer dans toutes ses parties. Le magistrat et le jurisconsulte y trouveront la loi expliquée par la loi. Les notaires y trouveront des règles sûres, et la jeunesse y pourra puiser , comme dans une source abondante , la connaissance des principes.

Il existe aujourd'hui, sans doute , une multitude d'écrivains, mais il en existe peu qui aient la noble ambition de se rendre utiles. Combien aussi la société doit-elle d'égards à l'auteur studieux qui, s'arrachant au tumulte des passions pour se livrer à la méditation et aux travaux les plus pénibles, fuit ainsi le monde , dans le généreux dessein de l'éclairer par ses écrits ! M. Desquiron de S.'-Agnan est du nombre de ces hommes rares qui ne comptent d'autre bonheur que celui de s'instruire , d'autre jouissance que celle qui résulte du bien que l'on a fait. Nous pensons que son *Traité des Testamens* lui donnera de nouveaux droits à sa propre estime, et nous osons lui présager qu'il lui méritera encore la reconnaissance de ses concitoyens.　　E. N.

Extrait du Publiciste, du 10 *Décembre* 1810. — Le livre dont M. Desquiron de S.'-Agnan fait aujourd'hui hommage au public, était annoncé depuis près de quatre années. Des circonstances accidentelles en avaient retardé l'impression ; mais ce délai, qui aura permis à l'auteur de revoir soigneusement son travail , fait encore mieux augurer de son exactitude. Tout justifie ces préventions favorables. En parcourant *le Nouveau Furgole* , il n'est personne qui ne rende justice aux recherches laborieuses de son auteur. Appelé à remplacer l'ouvrage d'un jurisconsulte célèbre , en se conformant néanmoins à sa méthode, il fallait à la fois lui laisser cette espèce de mérite qui l'a rendu classique, et le transformer cependant en un livre de droit qui pût servir aux jurisconsultes et aux avocats de notre temps. Il fallait, en suivant d'un côté les auteurs qui avaient traité des formes, supprimer ce qui n'avait plus aucun rapport avec les lois qui nous régissent ; modifier ou supprimer ce qui n'avait plus avec notre droit que des relations partielles ou éloignées ; ajouter ce que la législation nouvelle commandait d'introduire ; lier le tout avec justesse , et en faire un corps d'ouvrage régulier. Toutes ces conditions se trouvent remplies dans l'ouvrage de M. Desquiron de S.ᵗ-Agnan. A côté des principes théoriques qui enseignent ce qu'il faut faire , on a placé des formules qui réduisent la pratique à des termes généraux , clairs , faciles à saisir et à retenir ; en sorte que *le Nouveau Furgole* est un traité complet qui réunit le droit et la forme.

Je pourrais citer de cet ouvrage des traits qui attestent à la fois l'érudition et l'excellent esprit de M. Desquiron de S.ᵗ-Agnan ; mais ces traits portent sur des discussions de droit peu faites pour être entendues de ceux de mes lecteurs auxquels la science des lois est étrangère. Je dirai seulement que l'auteur a été fréquemment appelé à rectifier des parties très-délicates du texte de *Furgole*, qu'on avait mal entendues jusqu'ici , grâce à la négligence des imprimeurs qui les avaient couvertes d'obscurité. C'est dans ces discussions , si pénibles pour un homme doué de moins de patience et de sagacité , que l'auteur éclaire le sujet par les interprétations les plus lumineuses. Le droit serait une étude plus abordable et moins aride , si tous les jurisconsultes avaient su y répandre autant de netteté.

Les étudians , les jeunes avocats , les magistrats jaloux de remplir leurs fonctions avec intelligence , ne sauraient trop étudier un livre qu'on peut envisager comme un des meilleurs Codes testamentaires que nous ayions. Le praticien y trouvera des règles sûres , et le professeur de droit une méthode sage dont il pourra faire usage dans l'enseignement.

J.

Extrait du Journal du Commerce, du 12 Septembre

1810. — *Jean-Baptiste Furgole* fut jadis proclamé le premier d'entre tous les interprètes des lois par l'illustre chancelier d'Aguesseau, et son ouvrage sur les dispositions de dernière volonté fut depuis considéré comme le complément de la législation sur cette matière importante. Le nouveau législateur, en donnant un Code à la France, n'a pas dédaigné de consacrer quelques-uns des points de doctrine qui s'y trouvent savamment déduits, et par suite on doit savoir gré au judicieux écrivain qui s'est appliqué à reproduire le traité des testamens de Furgole, approprié à nos nouvelles lois.

M. Desquiron de S.ᵗ-Agnan qui, dans un âge que tant d'autres passent au sein de la dissipation, tient déjà un premier rang parmi nos jurisconsultes, offre aujourd'hui cette intéressante production au public. « Je suis loin, dit-il dans
» son avertissement, de m'être fait illusion sur les difficul-
» tés que j'avais à vaincre ; mais j'ai moins consulté mes
» forces que mon courage. C'est principalement dans les
» écrits de Furgole que j'ai puisé la connaissance des prin-
» cipes ; c'est par la lecture de ses décisions que j'ai formé
» mon jugement ; c'est par l'étude approfondie de ses dis-
» sertations savantes que j'ai pénétré l'esprit des lois romai-
» nes. J'acquitte donc le tribut de la reconnaissance en lui
» faisant hommage de mes veilles ; c'est une fleur que je
» dépose sur sa tombe ; puisse-t-il du séjour de la paix
» sourire à mes efforts » .....

Plus M. Desquiron de S.ᵗ-Agnan émet sur son ouvrage une opinion modeste, plus nous éprouverions le désir d'étendre les justes éloges que mérite sa profonde érudition, si un livre de cette importance pouvait se prêter aux règles d'une courte analyse ; nous devons donc nous borner à dire que le *Nouveau Furgole* est sans contredit un des meilleurs ouvrages qui aient paru jusqu'à ce jour sur la partie la plus délicate du *Code Napoléon* ; que son auteur se montre le digne émule du savant interprète qu'il a choisi pour modèle, et que son nom, associé au nom célèbre de Furgole, méritera long-temps l'estime et la reconnaissance de sa patrie.

Y.

Extrait du Journal de Paris, du 13 *Septembre* 1810. — En annonçant le *Nouveau Furgole*, ou *Traité des Testamens*, nous avons pris l'engagement de faire connaître plus amplement cet ouvrage important.

Jusqu'ici les auteurs qui ont traité des donations et des testamens, ont principalement eu pour objet les uns le droit, les autres la forme. Ils semblent avoir oublié cette vérité première, qu'en fait de testament *le droit et la forme* doivent marcher de pair, et être mis constamment en harmonie.

Tendre vers ce but, et l'atteindre autant que possible, c'était rendre un grand service non-seulement aux notaires et aux jurisconsultes, mais aux juges, devant qui sont portées les nombreuses contestations relatives aux donations et aux testamens.

Imiter Furgole pour la partie du droit dans les matières nouvelles qui ne peuvent se trouver dans son ouvrage ; suivre d'un autre côté les auteurs qui ont traité des formes ; supprimer ce qui n'a plus aucun rapport avec notre droit actuel ; changer, modifier ce qui n'y a plus que des rapports partiels où éloignés ; ajouter ce qu'exigeait nécessairement notre droit nouveau ; mettre le tout en corrélation, ou en opérer la fusion méthodique ; surtout ne pas dédaigner de mettre à côté de la théorie qui enseigne ce qu'il faut faire, des formules générales qui montrent la chose toute faite ; enfin former un traité complet où se trouvent réunis *le droit et la forme* ; voilà l'objet qu'il s'est proposé dans son ouvrage, et celui qu'il nous paraît avoir rempli.

Extrait du Moniteur, du 20 *Septembre* 1810 — Si la propriété est une des grandes bases de la société civile, la *transmission* de cette propriété est un des droits les plus précieux de l'homme social ; mais, de tous les moyens qui lui sont offerts pour l'exercer, il n'y en a point de plus propre à flatter son orgueil et à charmer sa dignité, que celui de disposer de ses biens par les *actes de dernière volonté*. Un être faible et mortel qui, du sein de la tombe, étend sur des vivans l'empire d'une véritable législation, commande par ses affections à la génération qui doit lui survivre, et semble échapper à la loi de la destruction et du néant, pour assister au spectacle du bonheur procuré par ses libéralités. Quel plus bel emploi de cette volonté de l'homme, presque toujours faible, inconstante et versatile ! Quelle plus douce consolation du regret de perdre cette existence courte et fugitive dont il peut toutefois rester des traces par les bienfaits !

Sans doute, la législation de quelques peuples anciens a pu proscrire de leurs Codes barbares les dispositions testamentaires. Ces peuples sauvages avaient imprimé à leurs lois le caractère de leur férocité, et c'en était une encore de méconnaître le prix et le charme des affections sociales et domestiques : sans doute, dans des temps modernes, et à l'époque d'une civilisation perfectionnée, quelques moralistes sévères, alarmés de toute la latitude du pouvoir de tester, et effrayés des dangers de ce pouvoir sujet au caprice et à l'égarement des passions humaines, auraient voulu qu'on les restreignît dans les bornes les plus étroites ; mais ce vœu de restriction était un hommage involontaire rendu à la sainteté d'un principe gravé dans tous les cœurs par la nature. Et qu'était-il besoin de calomnier le genre humain, alors qu'on ne pouvait lui contester le sentiment de la bienveillance et le besoin impérieux de l'exercer, même au-delà du tombeau ? Qu'on ne s'étonne donc pas que les législateurs de toutes les nations éclairées, douces et sensibles, se soient constamment attachés à consacrer par des formes solennelles les dispositions de l'homme mourant, et que cette branche importante des Codes anciens et modernes soit partout environnée d'un imposant appareil de précautions sévères, pour garantir davantage le respect et le maintien des actes d'une volonté raisonnée et réfléchie.

De ces observations générales et préliminaires, on voit sortir naturellement l'intérêt et l'utilité qu'ont toujours présenté les bons ouvrages composés sur la partie des testamens. C'est l'idée profondément sentie de cette utilité et de cet intérêt, qui inspira au savant et laborieux Furgole le projet d'un grand traité *ex - professo* sur cette matière ; traité qui fut justement honoré du suffrage et des éloges du chef de la magistrature de son temps, et l'un des plus célèbres législateurs dont la France puisse s'enorgueillir.

Mais l'ouvrage de Furgole, qui, comme le dit M. Desquiron de S.ᵗ-Agnan, « avait fait l'admiration du siècle dernier, allait cesser d'être le manuel des jurisconsultes, par le changement de nos lois civiles. Ces décisions sages et profondes à la fois, allaient se trouver éparses et disséminées dans une immensité de volumes, ou entièrement défigurées, perdues dans un océan d'incertitudes ; le meilleur esprit n'aurait pu les retrouver ni les reconnaître....... Le

Code Napoléon, en un mot, en changeant les dispositions de la fameuse ordonnance de 1735, rendait indispensable un livre qui traitât à fond la matière des testamens » ....

Tels sont les motifs qui ont déterminé l'auteur du *Nouveau Furgole* à composer un traité sur cette partie de notre législation, ou plutôt à donner une nouvelle édition du *Traité de Furgole*, appropriée aux dispositions des nouvelles lois civiles qui nous régissent.

M. Desquiron de S.ᵗ-Agnan avait avantageusement préludé au grand ouvrage que nous annonçons ici, par des productions d'une beaucoup moindre importance sans doute, mais dont l'utilité et le mérite avaient été justement sentis et appréciés.

D'abord, en 1806, il publia l'*Esprit des Institutes de l'empereur Justinien, conféré avec les principes du Code Napoléon.* Cette idée heureuse, autant qu'utile, de faire sortir, du rapprochement de ces deux textes mis sans cesse en présence l'un de l'autre, un ouvrage élémentaire, et l'exécution de cette idée par un esprit également judicieux et profond, annoncèrent déjà dans M. Desquiron de S.ᵗ-Agnan, un homme capable d'aider aux progrès de la science du droit.

M. Desquiron de S.ᵗ-Agnan fit imprimer ensuite un *Commentaire sur le décret impérial du 17 Mars 1808, concernant les droits et les devoirs des Juifs, précédé d'une notice historique sur l'existence civile et politique de la nation juive, depuis sa dispersion jusqu'à nos jours.* Ce n'était plus là un de ces ouvrages sur le droit civil, pour lesquels des matériaux épars et des sources plus ou moins abondantes n'exigent et n'attendent souvent que le courage des recherches, et le talent de les coordonner entr'elles. C'était un grand et beau sujet de droit politique :

et comme il était facile et dangereux de s'égarer dans l'histoire de la nation juive, à la fausse lueur des écrivains mal instruits ou passionnés, un grand honneur était réservé à l'écrivain sage et judicieux qui n'avait rien donné au hasard des fausses lumières, ou à l'engoûment et à la partialité des opinions existantes.

Cet ouvrage qui a eu depuis deux éditions, fut, peu de temps après, suivi des *Considérations sur l'existence civile et politique des Israélites en France* (c'était le pendant naturel, ou, pour mieux dire, le complément nécessaire de l'ouvrage précédent), et du *Commentaire sur le statut impérial concernant les majorats.* Cette dernière production reçut du public un accueil digne de son importance et des talens du commentateur.

Enfin, au mois de Juin dernier, M. Desquiron de St-Agnan publia un *Traité de la Minorité, de la Tutelle et de l'Émancipation ;* trois sujets liés ensemble par des rapports intimes, et qui devaient recevoir un nouvel intérêt de la manière exacte et lumineuse dont l'auteur présenterait les principes, les développemens et les conséquences de cette importante matière du droit civil.

On voit par le nombre et l'utilité de ces travaux, que le *Nouveau Furgole* n'avait pu être confié à des mains plus habiles.

La tâche était étendue et difficile. C'était peu, sans doute, comme le dit M. Desquiron de St-Agnan, de rapporter historiquement les différens changemens de la législation romaine ; de résoudre les difficultés qu'elle présentait dans son dernier état ; d'expliquer les maximes de notre ancien droit français ; d'interpréter les ordonnances de nos rois ; de jeter un coup-d'œil rapide sur la jurisprudence des Cours de Parlement ; de mettre en harmonie les opinions diverses des auteurs ; de remarquer les variations du droit intermédiaire ; de consulter les arrêts des Cours d'appel ; de les mettre en rapport avec la jurisprudence de la Cour suprême ; de s'arrêter aux principes du *Code Napoléon ;* d'en pénétrer l'esprit pour en appliquer les dispositions aux divers cas de la vie civile.....

Ne fallait-il pas encore relever et rectifier de graves erreurs échappées à la sagacité ou à la profondeur de Furgole? Tel est d'abord, par exemple, un anachronisme de ce jurisconsulte relativement au droit de tester puisé dans l'antiquité la plus reculée. Telle est encore la méprise, non moins étrange, d'avoir gratuitement supposé la *conjonctive* à la place de la *disjonctive* dans les fragmens de la loi des Douze Tables qui sont arrivés jusqu'à nous. Telle est enfin l'erreur qu'avait commise Furgole, d'indiquer l'origine des testamens dans le droit des gens, et de rattacher au droit civil les réglemens relatifs à leur forme et à leur solennité, comme la capacité active et passive, et les autres conditions nécessaires pour l'efficacité des dispositions de dernière volonté ; tandis qu'il est établi que, si la faculté de *donner* prend sa source dans le droit des gens, le droit de *tester* découle du droit civil.

N'était-il pas encore nécessaire de définir avec précision les idées attachées aux *droits civils*, et de déterminer la nature de ceux dont le législateur exige la jouissance de la part des témoins appelés à la confection des testamens ? C'est du rapprochement et du commentaire des diverses dispositions du Code Napoléon que devait sortir la solution de ces questions importantes ; et l'auteur du *Nouveau Furgole* n'a pas négligé cette source abondante de lumières.

Furgole n'ayant qu'effleuré, pour ainsi dire, la matière si importante des conditions apposées par le testateur à ses bienfaits, n'était-ce pas pour M. Desquiron de St-Agnan un devoir impérieux de s'emparer de cette matière, de la reprendre sous-œuvre, et de la traiter à fond, pour ne laisser rien de faible ou d'incomplet dans un ouvrage destiné à rassembler toutes les lumières acquises sur la matière des testamens?

Nous pourrions pousser plus loin la simple indication ou l'exposé de toutes les additions et de toutes les améliorations que le grand ouvrage de Furgole a reçues sous la plume de M. Desquiron de St-Agnan ; mais nous en avons dit assez pour faire sentir le degré de mérite et d'utilité de ce travail.

M. Desquiron de St-Agnan a placé à la tête de son livre deux morceaux susceptibles d'en augmenter encore l'intérêt. Le premier est une *Notice* ou *Abrégé de la vie de Furgole*, juste hommage rendu à la mémoire de ce savant. Le second est un éloge historique et oratoire à la fois de ce même Furgole, prononcé par l'un des plus célèbres avocats du Parlement de Toulouse, à la clôture de la conférence de charité de MM. les avocats au Parlement, le 6 Septembre 1783. Cet éloge eut un tel succès, que la commune de Toulouse, présidée par les magistrats municipaux connus à cette époque sous le nom de *Capitouls*, ou magistrats du Capitole, décerna le 27 Juin 1786, à Furgole, les honneurs d'une statue dans la salle des Illustres.

C.....

Dans le cours de l'année qui suivit la publication du *Nouveau Furgole*, M. Desquiron de St-Agnan fit paraître son Traité de la preuve par témoins, tant en matière civile qu'en matière criminelle. — Ces deux productions, dont l'utilité était depuis long-temps sentie, furent reçues du public avec un intérêt que nous n'entreprendrons pas de décrire. Il nous suffira de rapporter ici quelques-uns des articles dont elles ont été le sujet.

Extrait du Courrier de l'Europe, du 1.er Avril 1811. — Si M. Desquiron de S.t-Agnan n'avait pas déjà pris son rang parmi les jurisconsultes éclairés et laborieux qui consacrent à l'instruction et à l'avantage de la société les momens que leur laisse la discussion des intérêts particuliers, les deux ouvrages que nous annonçons ici nous paraîtraient propres à établir seuls sa réputation, tant pour l'importance des matières, que pour le soin avec lequel elles y sont traitées.

Il est aisé de sentir que les preuves testimoniales s'appliquent à toutes les parties de la jurisprudence; qu'elles constituent le caractère de tous les actes de la vie civile; qu'elles déterminent la nature des rapports privés et d'homme à homme, et des actions qui intéressent la sûreté ou le bien de la société; qu'en un mot elles sont l'élément nécessaire de la certitude juridique, sur laquelle repose la puissance de décider de la vie et de l'honneur, des biens et de la liberté des citoyens.

D'un autre côté, si on réfléchit de combien d'erreurs, de passions et de préjugés l'homme peut, même involontairement, être le jouet, à combien d'altérations est sujette la narration d'un même fait qui passe par un grand nombre de bouches; combien est douteux en soi chaque rayon de lumière dont le faisceau réuni forme ce qu'on appelle l'évidence ou du moins la conviction; quelle sûreté de jugement, quelle impassibilité, quelle rectitude il faut alors supposer à l'homme de la loi, pour compenser entr'eux et mettre en équilibre tous ces poids inégaux que les forces inégales de l'esprit humain apportent dans les balances de

Thémis, on pourra se former une idée de l'influence que doivent avoir sur la législation les principes de la preuve testimoniale, et des travaux multipliés, des recherches profondes par lesquelles il aura fallu pressentir et prévenir les difficultés dont leur application se trouve nécessairement hérissée dans la pratique.

Une métaphysique plus exacte, un système de morale plus complet et mieux lié dans toutes ses parties, enfin des lumières plus répandues, et dirigées par un esprit philosophique et plus libéral, éclairent aujourd'hui les théories concernant la force et la nature de ces preuves, et il n'y a pas de doute que l'époque actuelle n'ait vu cette partie de la jurisprudence s'éclairer d'un jour heureux et nouveau.

Mais quel que soit le mérite d'un Code, et malgré la clarté, la précision, la sagesse de sa rédaction, il y aura toujours des cas particuliers qui sembleront se soustraire aux règles générales. Quel guide appeler alors à son secours? sinon l'étude approfondie de l'esprit même de la loi, et l'analyse exacte des principes suivis avec méthode jusques dans leurs dernières conséquences.

Ce fut ainsi que Boiceau commenta l'ordonnance de Moulins; que lorsque celle de 1667 lui eut succédé, celle-ci fut à son tour l'objet des travaux de l'estimable Danty; et aujourd'hui enfin que les ouvrages de ces savans jurisconsultes sont, sous plusieurs rapports, en arrière de notre législation, M. Desquiron de St-Agnan, marchant sur leurs traces, vient appliquer leur méthode à l'étude des lois nouvelles. Dans le premier de ses deux traités, il analyse la preuve testimoniale en matière civile, suivant les principes du Code Napoléon, du Code de commerce et du Code de procédure civile. Il a joint à cet ouvrage la traduction du 50.e livre du Digeste, dans la disposition par ordre de matières que lui a donnée Arnoldus Corvinus, avec le texte latin en regard.

M. Desquiron de S.ᵗ-Agnan débute par un court exposé de l'origine de la preuve testimoniale, origine qui se perd dans la nuit des temps avec celle des sociétés mêmes, puisque, selon la remarque de Quintilien citée heureusement par notre auteur, telle est la misère de la condition humaine, que tout ce que les hommes font a besoin d'être attesté. Il parcourt ensuite les différentes natures des preuves, et les qualités qui leur sont nécessaires pour remplir leur objet.

Le traité de la preuve testimoniale, en matière criminelle, est rédigé avec le même ordre et le même talent d'exécution. Cette matière, d'ailleurs, offre par elle-même des objets, non pas peut-être d'un intérêt plus général, mais qui piquent davantage la curiosité : on sait assez en effet que les affaires criminelles éveillent plus de discussions dans la société que les affaires civiles. Dans ses considérations sur la peine de mort, M. Desquiron de S.ᵗ-Agnan en fait dériver l'exercice, du droit qu'a chaque individu de pourvoir à sa conservation même par la destruction de l'objet qui lui est nuisible. Or, ce droit de défense individuelle se trouve modifié par la réunion des hommes en société, tellement qu'il ne peut plus être exercé habituellement par les individus, sans rappeler le droit du plus fort, et détruire par-là la société même; il a donc fallu, qu'excepté quelques cas particuliers de nécessité, ce fût cette société qui se chargeât de la défense de chacun, et que pour cela elle pût exercer, pour la conservation de tous, ce droit de destruction que chacun tenait de sa propre nature, et apportait par le contrat social, à la masse des forces communes. Cette théorie est une des plus satisfaisantes que l'on puisse former sur cette question souvent débattue par les plus savans publicistes de ces derniers temps.

Un examen détaillé des deux traités de M. Desquiron de S.ᵗ-Agnan, convenable dans un journal consacré aux matières de jurisprudence, deviendrait trop long et peut-être déplacé dans celui-ci. Mais, d'après ce qui vient d'être dit, le lecteur pourra du moins se faire une idée de l'importance de son travail. Nous ajouterons que tous ceux qui ne craignent pas d'aborder des matières sérieuses, et qui pensent que, sans être légiste, il peut convenir à tout homme de bon sens de prendre connaissance des choses qui intéressent directement ou indirectement toutes les classes de la société, pourront étudier avec M. Desquiron de S.ᵗ-Agnan la nature et les applications des preuves testimoniales, et seront dédommagés de cet effort par le plaisir que leur procureront des questions instructives traitées avec ordre et clarté, et d'un style qui, pour être proportionné à la sévérité de la matière, ne cesse pas pour cela d'être correct, orné même quelquefois, et toujours agréable et intéressant.

G..... D.

Extrait de la Gazette de France, du 9 Avril 1811. — L'ouvrage le plus utile en jurisprudence est, sans contredit, celui qui intéresse toutes les classes de la société.

A ce titre, un *Traité de la preuve par témoins en matière civile et criminelle* doit aujourd'hui recevoir parmi nous l'accueil le plus favorable ; car ce serait à tort qu'on perdrait de vue que la vie, l'honneur et la fortune de chaque citoyen peuvent dépendre un jour de la déposition de quelques hommes.

Un écrivain laborieux, qui dès long-temps a consacré son existence à l'utilité publique, a formé l'entreprise loua-

ble d'offrir au public le fruit de ses méditations sur ces matières difficiles.

M. Desquiron de St-Agnan a divisé son ouvrage en deux
parties.

Dans la première, il considère la preuve par témoins par
rapport aux matières civiles; il remonte à son origine, explique ses formes et ses effets depuis les Israélites jusqu'à
nos jours.

De ces bases premières, passant à la preuve en général,
il établit avec le législateur une distinction nécessaire entre
la preuve littérale, la preuve par vérification d'écritures,
la preuve par experts, la preuve par la descente sur les
lieux, la preuve par serment et la preuve testimoniale.
Vient alors l'application des principes aux divers contrats
de la vie civile : et c'est dans cet examen approfondi que
l'auteur a su faire usage d'un esprit d'ordre et de méthode,
si rare aujourd'hui parmi nos légistes, et qui seul pourrait
fixer le sort de son livre.

Dans la seconde partie, l'auteur traite de la preuve par
témoins dans les matières criminelles.

Il examine le fondement du droit de punir, et il s'applique à démontrer qu'il résulte du contrat originaire.

De là, s'occupant de la classification des crimes et des
délits, il jette un coup-d'œil sur les divers genres de preuves qui peuvent être administrées contre un accusé ; il établit des règles invariables sur la qualité des témoins, sur
leur nombre, sur les probabilités, les présomptions, les
indices, les conjectures, et enfin sur la certitude. Nous ne
finirions pas si nous avions la prétention de donner ici
l'exacte analyse des divers degrés d'intérêt que présente le
Traité de la preuve par témoins en matière criminelle.

M. Desquiron de St-Agnan, jaloux de réserver aux

anciens docteurs qu'il a choisis pour modèles, la gloire
due à leurs travaux, s'empresse de déclarer que, dans son
premier volume, il s'est borné à reproduire l'estimable ouvrage de Danty sur Boiceau, sur la preuve par témoins, en
l'appropriant toutefois aux nouvelles lois qui nous régissent.

Sans doute qu'une lecture approfondie de cette partie du
traité que nous annonçons, suffit pour démontrer que cet
aveu est l'effet d'un excès de modestie; mais, dans tous les
cas, le second volume qui contient les matières criminelles
présentait mille difficultés; aucun légiste, avant M. Desquiron de S.ᵗ-Agnan, n'avait offert une théorie complète
des preuves : cet ouvrage, absolument neuf, long-temps
désiré sous l'ancienne monarchie, manquait essentiellement
de nos jours à ceux qui consacrent leurs veilles à l'étude
des lois, et nous osons avancer que les magistrats eux-
mêmes, au moment de décider de la vie des hommes,
éprouvaient le besoin de consulter un livre qui éclairât leurs
doutes et guidât leur inexpérience.

Extrait du Journal du Commerce, du 9 Avril 1811.
— M. Desquiron de S.ᵗ-Agnan vient de publier deux nouveaux ouvrages sur l'une des matières les plus délicates de
notre législation, sa philosophie est douce : si partout il se
montre érudit, il ne se montre pas moins l'ami de l'humanité. Un tel écrivain peut rendre d'importans services à
sa patrie; il peut tenir sans doute un premier rang parmi
nos jurisconsultes et nos magistrats, mais sa place est nécessairement fixée dans la pénible carrière de l'enseignement;
c'est là qu'il peut être doublement utile, en propageant les
vrais principes dans toute leur pureté, en préparant des ministres à la justice et des défenseurs aux veuves et aux
orphelins.   X.****

Extrait du Moniteur, du 25 Septembre 1811. — Lorsqu'une législation obscure, incohérente et versatile est remplacée par une autre plus conforme aux progrès de la civilisation et aux lumières du siècle, il est utile et même nécessaire au respect que commande cette législation nouvelle, ainsi qu'au perfectionnement dont elle peut être susceptible, qu'il s'élève avec elle des ouvrages destinés à faire ressortir la sagesse de ses dispositions, même par leur comparaison avec celles des législations antérieures, et surtout par l'analogie de sa *lettre* avec son *esprit.* Telles sont les vues qui ont constamment dirigé les commentateurs et les auteurs des traités *ex-professo*, sur les parties les plus importantes des Codes anciens et modernes. C'est ainsi que ces estimables et laborieux écrivains se sont comme placés à côté du législateur lui-même, alors qu'ils paraissaient ne marcher modestement qu'après lui, et qu'ils sont devenus à leur tour des autorités respectables, par des ouvrages mis en quelque sorte sous la protection et l'appui de la législation, au développement de laquelle ils avaient consacré leurs travaux.

Mais l'irrévocable destinée de ces traités *ex-professo* ou de ces commentaires, est de tomber de leur propre poids avec le Code qui les avait fait naître, ou de ne présenter après sa chute qu'un intérêt oublié et une utilité surannée. Dès-lors se présente la nécessité de *refaire* entièrement les ouvrages, comme on a refait la législation elle-même ; et dès ce moment, conçus dans les mêmes principes, remplis du même esprit, et émanés des mêmes sources, ils seront d'autant plus dignes d'elle, et rempliront d'autant mieux le but de leur destination, qu'ils seront sortis de têtes plus méditatives, nourries de saines idées, plus habituées à mûrir la grande conception des lois positives, encouragées par des succès déjà obtenus, et des succès encore plus distingués.

C'est là le jugement que nous croyons devoir porter des deux ouvrages, nouvellement publiés par M. Desquiron de S.ᵗ-Agnan; jugement qui ne peut qu'être ratifié par les jurisconsultes, dont cet auteur, quoique très-jeune encore, est, depuis six ans, en possession d'éclairer la raison, et de guider la marche dans l'exercice d'une profession utile, qu'il remplirait lui-même avec honneur, si l'ambition de mieux servir peut-être la science de cette législation, n'avait jusqu'à ce jour donné à son talent une direction dont il n'a qu'à s'applaudir de plus en plus.

Des deux Traités de *la preuve par témoins*, l'un *en matière civile*, et l'autre *en matière criminelle*; le premier est un ouvrage absolument refait et, comme l'auteur n'a pu s'empêcher de le dire, un ouvrage *tout à lui*; en effet, quoiqu'il existât d'abord, à cet égard, un Traité de Boiceau, fondé sur l'ordonnance de Moulins, et devenu, quelque temps après, d'un intérêt à peu près nul par la publication de l'ordonnance de 1667 ; quoiqu'ensuite, depuis cette dernière ordonnance, et pour approprier à ses dispositions l'ouvrage de Boiceau, Danty eût joint son travail et sa doctrine, au travail de son devancier, ce commentaire ne pouvait plus se soutenir à côté d'une législation devant laquelle toutes les législations précédentes ont disparu sans retour. Ainsi donc, ce que Boiceau et Danty avaient jugé indispensable d'entreprendre, l'un pour l'ordonnance de Moulins, et l'autre pour celle de 1667, M. Desquiron de S.ᵗ-Agnan a cru convenable de l'exécuter avec plus de raison encore pour le Code Napoléon ; et l'on peut prévoir que son ouvrage, marqué au même coin d'utilité, obtiendra un succès digne à la fois des intentions de son auteur, et d'un talent auquel nous devons déjà d'estimables traités.

Des ouvrages de ce genre ne sont nullement susceptibles

d'analyse ; pour les bien connaître et les apprécier dignement, il faut les lire, les méditer, les relire et les méditer
encore ; mais, avant d'en venir à cette lecture et à cette
méditation, on prendra quelqu'idée de l'esprit de profondeur dans lequel a été conçu le Traité de la preuve par témoins en matière civile, quand on saura que M. Desquiron
de S.ᵗ-Agnan a placé en tête de cet ouvrage, non-seulement le texte littéral des ordonnances de Moulins et de 1667,
ainsi que les dispositions du Code Napoléon relatives à cette
matière, mais aussi le texte de l'édit perpétuel des archi-
ducs de Flandres, du statut de Bologne, du duché de Mi-
lan, etc., etc. Le rapprochement de ces différens textes
mis, pour ainsi dire, en présence les uns des autres, pour
en faire sortir un parallèle qui est tout à l'avantage de la législation actuelle des Français, ce rapprochement est une
idée heureuse : elle atteste en même temps les connaissances de M. Desquiron de S.ᵗ-Agnan, le talent de comparer
les législations différentes, et d'en apprécier les différences,
et surtout celui d'agrandir le plan d'un ouvrage par la com-
binaison de tous les rapports susceptibles d'en accroître
l'importance et l'intérêt. Au surplus, ce qui rend encore
plus précieux les traités dont nous parlons ici, c'est une
discussion toujours lumineuse et serrée, un raisonnement
constamment juste et précis, un exposé savamment rai-
sonné de la jurisprudence moderne, dans tous les cas où
l'autorité de la chose jugée peut se présenter au soutien
et à l'appui de la doctrine des auteurs, comme de la logique des principes.

Le Traité de la preuve par témoins en *matière criminelle,* conçu sur le plus vaste plan d'utilité, et exécuté par les
mêmes moyens, offre également tous les caractères d'un
ouvrage qui se recommande favorablement à l'intérêt et aux

suffrages des jurisconsultes. Mais il ne s'agit pas ici d'une de ces productions qu'il suffisait de *reprendre sous-œuvre*, et dont il existait du moins un type et un modèle ; c'est plutôt un ouvrage *absolument nouveau*, et d'une création d'autant plus originale, que la législation criminelle a subi une réforme plus radicale et plus entière. On jugera de l'esprit de méditation profonde et de discussion solide qui a aussi présidé à la composition de ce traité, par l'examen du grand problème de science sociale, relatif à l'*origine du droit de punir*.

Nous en avons dit assez pour faire juger que les deux ouvrages nouveaux de M. Desquiron de St-Agnan ne le cèdent, sous aucun rapport, à aucun de ceux qu'il avait publiés jusqu'ici, et qui ont établi sa réputation à un âge où l'on ne donne communément que des espérances. L'auteur estimable de l'*Esprit des Institutes*, des Traités de la *Minorité*, de la *Tutelle* et de l'*Émancipation*, du *Nouveau Furgole*, et de plusieurs autres ouvrages sur la législation moderne, a déjà prouvé tout ce dont est capable une raison précoce, cultivée d'abord par d'excellentes études, mûrie ensuite par une application soutenue, et animée de plus en plus par le sentiment d'une émulation généreuse, ainsi que par la louable ambition de nouveaux succès.

M.

Quatre années d'études profondes, mêlées à l'exercice de la profession d'avocat au sein de la capitale de la France, permirent à M. Desquiron de St-Agnan de mettre la dernière main à ce qu'il se plaisait à appeler son grand ouvrage, fruit des veilles et des méditations de toute sa vie. C'est le livre en deux volumes qui a pour titre : *Dieu, la nature et la loi*.

L'ouvrage fut publié en 1814, et l'édition entière, imprimée aux frais de l'auteur, fut consacrée au soulagement du malheur. Cinquante exemplaires furent distribués à chacun des douze arrondissemens de la capitale, pour le prix en être offert à leurs douze bureaux de charité.

Un certain nombre qui restèrent aux mains de l'éditeur eurent pour souscripteurs Son Altesse Sérénissime le duc d'Orléans, aujourd'hui Roi des Français, M. le marquis de Viomesnil, M. le comte d'Abboville, M. le comte Lemercier, M. le comte de Beaumont, M. d'André, M. le comte de Pastoret, M. le maréchal Serrurier, etc. Tous ces personnages firent remettre leur généreuse offrande à M. Goll, vicaire de la paroisse de S.ᵗ-Sulpice, chargé de la distribution pieuse.

10.ᵉ *Arrondissement de la ville de Paris.*

BUREAU DE CHARITÉ.

Monsieur, j'ai l'honneur de vous faire connaître que MM. les administrateurs du bureau de charité ont accepté avec reconnaissance l'offre généreuse que vous leur faites dans votre lettre du 21, de cinquante exemplaires d'un ouvrage dont vous êtes l'auteur, et qui a pour titre : *Dieu, la nature et la loi,* pour être, le produit de la vente, distribué par les soins du bureau à des mères nourrices et à des vieillards.

Agréez, etc. **POINCHEVALLE**, *agent comptable.*

A M Desquiron de S.ᵗ-Agnan, *Avocat à la Cour royale de Paris.*

Suivent onze lettres émanées des onze bureaux de charité, conçues à peu près dans les mêmes termes.

Passons maintenant au caractère de l'ouvrage dont le prix a servi au soulagement de tant d'infortunes.

Extrait du Télégraphe, du 19 Novembre 1818. — Dieu, la nature et la loi, ou *Principes éternels de politique constitutionnelle,* ou *Manuel des peuples et des rois,* par M. Desquiron de S.ᵗ-Agnan, ancien magistrat, membre de l'Académie d'Erfurt, et de plusieurs sociétés savantes de l'Europe.

Qu'est-ce qu'un bon livre? Certains littérateurs me répondront : c'est celui qui se recommande par l'observation des règles, dont le plan est régulier, le style de bonne école, et dans lequel on respire une bonne odeur classique. L'homme du monde me dira : c'est un ouvrage qui peut aider à tuer le temps, tenir lieu, à la campagne, de spectacle et de bal, à la ville, de promenade, lorsqu'il fait mauvais temps..... ni citations, ni raisonnemens, ni morale, ni réflexions; du reste, qu'il soit instructif. Le savant grammairien, à cheval sur la syntaxe, après avoir laborieusement analysé les mots de sa réponse, la fera en ces termes : je ne reconnais pour bon qu'un livre où jamais une préposition n'est employée pour une autre, où je ne vois pas un *si,* un *mais,* qui ne puissent passer au creuset d'une sévère analyse, et qui n'aient coûté de longues méditations à l'auteur; je le dispense, en revanche, de ces fadeurs que l'on nomme chaleur, éloquence, grâce, légèreté. Je ne connais pas cela : la correction, voilà ma loi. Il y aura un grand nombre de gens qui résoudront ainsi ma question : un bon livre, par exemple, est celui des caractères, c'est Télémaque, c'est l'Emile; si je leur demande pourquoi ces ouvrages sont bons, ils me répondront : c'est parce que c'est Labruyère, Fénélon, Rousseau qui les ont composés.

Quant à moi, je pense que la qualité essentielle d'un bon livre est l'utilité dont il peut être pour le bonheur des hommes ; ainsi celui qui dirige vers le bien cette sensibilité, principe de toutes nos vertus lorsqu'elle est éclairée, de tous nos vices lorsqu'elle est abandonnée à l'erreur, nous enseignera la piété envers nos parens, l'amour de nos semblables, la modération dans nos désirs, la soumission au prince et aux lois ; qui, par la peinture énergique des troubles politiques, nous fera sentir les avantages de l'ordre, nous inspirera l'effroi des révolutions, qui, donnant à la morale l'appui divin de la religion, défendra la foi de nos pères contre les attaques insensées des philosophes, en combattant leur docte aveuglement avec les armes dont ils ont fait un si coupable usage, l'érudition et le raisonnement ; celui-là sera certainement un bon livre. Je ne crains donc pas de proclamer tel l'ouvrage que M. Desquiron de S.ᵗ-Agnan vient de livrer au public.

L'auteur a travaillé sur un plan vaste et bien conçu ; sa marche est ferme et assurée. Après avoir reconnu dans l'harmonie de l'univers, l'œuvre d'un Dieu créateur ; après avoir, par l'analyse de nos facultés, démontré l'immortalité de l'âme, il examine les différentes sectes des philosophes anciens et modernes ; il traite rapidement l'histoire de toutes les sectes, de tous les cultes qui ont propagé la terre, vaste tableau où la religion chrétienne paraît resplendissante de tout l'éclat de la vérité, s'élevant au-dessus de toutes les autres croyances par la sublimité de ses préceptes et par l'évidence de ses preuves. De nos devoirs religieux, l'auteur fait découler nos devoirs sociaux ; de la loi naturelle, il passe aux lois écrites, et les critique avec sagacité.

Dans des matières aussi sérieuses et si graves, M. Desquiron de S.ᵗ-Agnan a su jeter un vif intérêt en parlant presque toujours au cœur , et en évitant les formes sèches de la discussion ; un apologue ingénieux , un trait histori- que brièvement raconté , lui servent à développer d'impor- tantes vérités. On reconnaîtra facilement quel modèle il a choisi parmi nos grands écrivains , à cette définition qu'il donne de la propriété : « Lorsqu'un sauvage de Maduré , las de sa vie errante , voulut se fixer enfin au fond d'une forêt , il se creusa une hutte dans la terre , qu'il couvrit de feuilles de bananes et qu'il environna de palmiers.

« Voilà l'origine de la propriété ».

L'ouvrage de M. Desquiron de S.ᵗ-Agnan annonce des connaissances profondes et variées , un esprit étendu , et surtout de nobles sentimens ; il n'y avait qu'un homme de bien qui pût l'écrire ; la bonne foi s'y fait sentir partout. A la touchante compassion que l'auteur professe pour les maux de l'humanité , on voit que sa vie a dû être orageuse , et qu'il a reçu bien des leçons de l'expérience.

Une composition de l'ordre des principes éternels de po- litique constitutionnelle ne peut se juger sur de simples ex- traits : le bel ensemble de toutes les parties en est le prin- cipal mérite. J'en citerai cependant quelques fragmens pour donner une idée de la manière dont elle est écrite.

« Non , tout n'est pas matière dans ce monde : l'âme existe ; elle ne s'éteint point sous la cendre des tombeaux : rien ne meurt de l'homme que la portion de son être qui doit rentrer dans le néant.

« Eh quoi ! l'univers physique est conduit par des lois certaines et invariables ; tout manifeste une fin et un des- sein dans les vues de son auteur, et on voudrait que l'uni- vers moral , qui lui est supérieur par la pensée , eût été créé sans ensemble et sans rapport entre ses parties ? Non , ce n'est pas en vain que j'ai reçu du souverain être l'idée et les sentimens de la vérité, cette idée ne me vient point des sens ; elle n'a aucun rapport avec les êtres physiques de la création ; elle ne me vient pas des objets matériels qui m'environnent : c'est une idée toute spirituelle, toute morale, qui n'a point son modèle dans la nature, et qui suppose une autre vocation pour l'homme que celle d'ici-bas.

» Ah ! si la tombe était le dernier terme où tout doit aboutir, que serions-nous alors, infortunés enfans des hommes ? où serait la raison, où serait la fin de notre existence? et pourquoi cet univers même existerait-il, s'il ne devait nous offrir, dans sa durée, que le spectacle affreux des passions humaines en délire, de la vertu le plus souvent méconnue, du vice et de l'iniquité presque toujours triomphans ?

» Comme une pareille doctrine flétrit l'âme ! comme elle est humiliante pour le sentiment ! comme elle est capable de détruire en nous les rapports les plus essentiels de la morale !

» Non, il ne saurait se respecter lui-même, il ne saurait envisager sans effroi son semblable, l'homme qui ne voit dans l'homme que l'orphelin de la nature, le compagnon de la brute et l'enfant du hasard. Il ne saurait jouir, sans mélange, des consolations de la piété filiale et fraternelle, celui qui, dans ses parens, dans ses enfans, dans ses frères, dans ce qu'il a de plus cher sur la terre, ne voit plus qu'une réunion d'atômes, aujourd'hui rapprochés et demain désunis, et dont le dernier résultat est la décomposition et la dissolution des parties. Non, il ne serra jamais la main d'un ami avec une joie vive et pure, celui qui ne voit, dans ce signe de l'amitié, qu'un corps qui en touche un autre »...

Dans un chapitre sur les gens sans aveu, M. Desquiron de S.ᵗ-Agŭan s'exprime ainsi :

« Les oiseaux de passage n'appartiennent à aucun climat; le lieu qui les vit naître ne recueille pas leurs cendres.

» De même, l'homme qu'aucune famille n'avoue, qu'aucun ami ne réclame, qu'aucun toit hospitalier ne défend contre l'intempérie des saisons, n'appartient à aucune patrie ; l'univers est pour lui une domaine immense, qu'il parcourt en vain pour y choisir la place qu'il doit occuper.

» Partout à charge, partout craint, partout repoussé à travers les dangers, les tourmens et les horreurs de la misère, il arrive enfin au terme du voyage ; la terre s'ouvre, et, plus compatissante que les hommes, elle offre dans son sein un asile à l'infortuné ».

L'auteur, parlant de l'organisation des êtres, rapporte une anecdote que je citerai pour dédommager les dames de la gravité de cet article.

« En 1674, François de la Vega, natif de Lierganès, se baignait avec quelques amis sur les bords de la mer ; tout à coup on le vit plonger et disparaître.

» Long-temps on le crut noyé ; mais en 1679, des pêcheurs prirent dans leurs filets, devant Cadix, un homme de mer, qui après avoir gardé le silence pendant plusieurs jours, prononça enfin le nom de Lierganès. On le conduisit dans ce village, et ses frères le reconnurent pour être François de la Vega.

» L'homme marin fut sensible à toutes les caresses dont on l'accabla ; il se laissa habiller et resta neuf ans dans sa famille, dans un état de stupidité difficile à décrire ; après ce terme il disparut, et l'un de ses compatriotes prétendit l'avoir revu, quelques années après, dans la mer des Asturies.

» Don Gaspard de la Riba-Arguero, chevalier de saint Jacques, qui faisait sa résidence à une demi-lieue de Lierganès, donna souvent à dîner à l'homme amphibie. Aussi, après la seconde disparition, il délivra des certificats de ce fait extraordinaire, qui furent joints aux diverses attestations des frères de François de la Vega ».

Je pourrais relever quelques légères négligences dans le style de M. Desquiron de St-Agnan, si je n'étais persuadé qu'il est certaines productions qui sont tellement au-dessus d'une critique minutieuse, qu'on ne saurait en faire usage à leur égard, sans montrer plus de prétention que de goût.

F. F..... XII.

Extrait du Journal l'Impartial, du 4 Février 1820. — Quel siècle que le nôtre ! en vérité c'est à n'y plus tenir : chaque jour mille ouvrages nouveaux sont offerts à la curiosité publique. On veut que les Français renoncent à leur caractère ; on veut qu'ils deviennent des hommes, et que, fuyant les plaisirs, l'attrait de la mode et l'amour des frivolités, ils forment leur esprit à la lecture des livres de morale ; on veut enfin qu'ils étudient la politique, et que le peuple le plus léger de l'univers soit aussi le peuple le plus éclairé sur ses droits.

Au nombre des productions importantes qui occupent aujourd'hui l'attention des hommes graves, se présente un livre qu'il faut placer d'abord au premier rang. Il a pour titre : *Principes éternels de politique constitutionnelle.* Nous en sommes redevables aux recherches savantes et aux profondes méditations de l'auteur de l'*Esprit des Institutes*, du *Nouveau Furgole*, et du *Traité de la preuve par témoins*.

Le nouvel ouvrage est conçu sur un plan large et hardi qui embrasse l'homme dans tous les âges et le met en rapport direct avec son Dieu, ceux à qui il doit le jour, ceux qui le tiennent de lui, et la masse des autres hommes.

Tout se lie dans cette grande conception , tout s'y réunit pour en former un corps de doctrine.

Dans un moment où l'incrédulité est une mode , quelques esprits forts seront étonnés d'apprendre que M. Desquiron de S.ᵗ-Agnan a reconnu l'existence d'un Dieu dans l'harmonie de l'univers , qu'il a cherché l'origine de l'âme, démontré son immortalité , et qu'appuyé de toute la force de la raison , il a prouvé la nécessité d'une croyance.

L'auteur fait avec rapidité l'histoire de toutes les sectes, de tous les cultes qui ont compté leurs prophètes , leurs sectateurs et leurs martyrs. Maître de son sujet , il plane au milieu des âges ; il fait justice de toutes les erreurs , et met à contribution tout ce que l'antiquité nous a révélé des fureurs humaines. Il oppose *Minos* à *Pythagore* , *Timée* à *Numa* , *Charondas* à *Zaleucus*. Des philosophes il arrive aux faux prophètes ; il s'attache à convaincre d'imposture *Apollonius de Tyane* , *Manès* et *Mahomet*. De là, passant aux réformateurs , il jette un voile pieux sur l'époque funeste où l'homme égorgeait l'homme au nom d'un Dieu de paix.

« Enfin , ajoute-t-il , naquit à Bethléem l'enfant promis
» pour racheter les péchés des hommes. Cette doctrine sa-
» lutaire qui devait fonder une religion nouvelle et régéné-
» rer les nations , fut préchée dans Jérusalem , et la mort
» du fils de l'homme suivit de près la connaissance qu'il
» venait de donner au monde d'un culte tout spirituel.....
» Heureux celui qui croit et qui demeure fidèle à sa
» croyance ! heureux les pères qui l'enseignent à leurs en-
» fans ! heureux les époux dont un sacrement resserre les
» liens ! heureux enfin les amis qui s'aiment comme chré-
» tiens , leur amitié s'étendra au-delà de la tombe , leur
» union sera éternelle ».

Après avoir parlé des rapports de l'homme avec Dieu ,

M. Desquiron de S.ᵗ-Agnan considère l'homme par rapport à l'état de nature. Il examine en philosophe éclairé
l'état primitif des hommes, leurs besoins et leurs facultés ;
il étend ses regards sur leur dissemblance extérieure, et
parcourant l'échelle de la nature, traite tour à tour des *Nègres*, des *Indiens*, des *Géans*, des *Nains*, des *Kalmouks*,
des *Albinos*, des *Androgines*, de l'homme *amphibie* et
de l'*orang-outang*. S'occupant bientôt des droits inhérens
à l'espèce humaine, il se demande ce que sont, par rapport
à l'état de nature, la solitude et la sociabilité, la liberté et
l'esclavage, la volonté et l'amour, l'égalité et les passions,
la propriété et la réunion des deux sexes, la sûreté et l'a-
mour de soi.

Passant enfin aux devoirs dans l'état de famille, il enseigne le respect dû aux femmes, le respect dû aux vieillards,
et le respect dû aux enfans.

Voici quelques passages qui donneront une idée du style
et des sentimens de l'auteur :

« L'homme est le maître de la nature ; son œil, son port,
» sa démarche, sa stature, ses gestes, tout annonce qu'il
» est établi sur la terre pour y régner..... Ainsi l'éléphant,
» en Asie, se laisse conduire avec une docilité remarquable
» par un jeune enfant ; le lion d'Afrique s'éloigne en rugis-
» sant de la hutte du Hottentot ; au milieu de la mer, l'im-
» mense baleine tremble et fuit devant le frêle canot d'un
» Lapon ; les animaux dangereux sont saisis de crainte à la
» vue de l'homme ; l'étalon généreux qui respire les hasards
» vient de lui-même solliciter le mors qui le dirige ; le
» chien, compagnon fidèle, est orgueilleux de sa domesti-
» cité ; le chameau se prosterne devant le dieu de la terre ;
» le cerf timide, fuyant ses ennemis, vient chercher un
» refuge auprès de l'homme ; aucun être visible, enfin,

» n'entre dans sa société que comme serviteur ou comme
» esclave ».

En parlant de l'amitié il s'écrie :

« Amitié sainte , j'ai connu tes transports ; tu fis long-
» temps les délices de mon cœur. Je retrouvai souvent dans
» l'esprit d'un ami la copie de mon esprit ; je retrouvai sou-
» vent dans son âme l'image de la mienne. Hélas! une main
» toute-puissante m'a retiré bientôt le bienfait que j'avais
» reçu de sa bonté. Il n'est plus cet ami vertueux qui comp-
» tait chacun de ses jours par le bien qu'il faisait aux hom-
» mes ; il s'est replié sur lui-même ; dégoûté du breuvage
» de la vie , il a porté ses regards vers le ciel qui l'appelait
» au milieu des justes ».

Plus loin , M. Desquiron de S.ᵗ-Agnan parle ainsi des
vieillards :

« Par combien de vertus le vieillard est recommandable!
» Il fut faible en naissant ; il atteignit ce degré de force où
» parvient l'homme à son midi ; et si , depuis , sa vigueur
» s'est éteinte , s'il n'a plus l'énergie de la jeunesse , il a du
» moins pour lui l'expérience et le souvenir du passé : c'est
» un vieux pilote qui connaît la saison des orages, et qui,
» dans l'étendue des mers, peut fixer la place des écueils ».

Voici encore un tableau plein de fraîcheur :

« En voyant un enfant, l'homme doit rappeler à sa mé-
» moire qu'il fut faible comme lui, et qu'il lui doit ses soins
» et ses secours ; non-seulement il doit le soulager, il faut
» qu'il le respecte encore, et ce respect consiste à ne rien
» faire, à ne rien dire en sa présence qui puisse nuire au
» développement de ses facultés morales : c'est un bouton
» timide qu'il ne faut point exposer aux caresses brutales
» des frelons ».

Dans un second article , je m'occuperai de la troisième

partie, qui traite des rapports de l'homme considéré sous l'empire de la loi.   A. M. T.

Extrait du Journal l'Impartial, du 8 Février 1820.

DEUXIÈME ARTICLE.

« Le besoin a réuni deux familles, les mariages en ont
» formé cent, et bientôt les conseils d'un sage en ont rap-
» proché mille qui, toutes, dans le but d'améliorer leur
» existence, viennent apprendre à faire un usage libre de
» leurs facultés. L'agriculture est déjà connue ; déjà la terre
» a été arrosée par la sueur de l'homme, une pierre tran-
» chante a déchiré son sein, le fer a coulé dans le feu, et
» désormais il est destiné à former le soc qui arme la char-
» rue..... Les taureaux sont domptés, les chevaux traînent
» les chars qui crient sous l'énorme poids des pierres et des
» sapins déracinés ; des maisons ont pris la place des caba-
» nes, et des temples sont élevés à la gloire d'un Dieu créa-
» teur....... La société existe enfin ; il ne lui manque plus
» que des lois sages qui garantissent à chacun de ses mem-
» bres sa liberté, sa sûreté et sa propriété ».

Ainsi l'auteur, après avoir considéré les hommes tels qu'ils furent, va les considérer tels qu'ils sont, pour montrer ce qu'ils devraient être.

Le premier objet qui fixe son attention est le contrat originaire, ce qui le conduit naturellement à l'examen des trois états politiques.

Selon M. Desquiron de St-Agnan, l'état républicain, appliqué à une grande nation, est le pire de tous, parce que les factions le déchirent sans cesse, parce que la haine y veille avec les magistrats, que l'esprit de turbulence y domine, et que le peuple *malheureux souverain* règne toujours sur un trône ensanglanté.

L'état aristocratique porte avec lui le germe du poison qui doit le corrompre et entraîner sa chute. En effet, l'homme est tenté par la possession des richesses. Devenu magistrat, il n'éprouve plus que le désir de se perpétuer dans sa magistrature et de la transmettre à ses descendans. Bientôt le corps des sénateurs cesse d'être l'appui du corps politique; la nomination des magistrats cesse d'être élective. L'autorité avait été confiée à des sages, ils l'ont transmise à des enfans....... Ils administrent la justice au peuple, et ils vivent eux-mêmes au-dessus des lois; ils infligent des peines à leurs justiciables, et ils s'abandonnent à toutes les fureurs de la débauche et de l'usure..... Le peuple ouvre les yeux, le voile tombe à travers leur morgue insolente; il aperçoit la faiblesse de ses tyrans; il se lève, et les révolutions ensanglantent son territoire.

L'état monarchique incline toujours vers le despotisme, parce qu'il est de la nature du pouvoir de s'affranchir de tous les liens pour devenir absolu. L'honneur, sous un despote, n'est qu'un vain nom; le peuple est avili; chaque jour ses chaînes deviennent plus pesantes; c'est en vain qu'il s'épuise, qu'il arrose la terre de ses sueurs, il reste pauvre, et tous ses efforts ne suffisent pas encore pour étancher la soif qui dévore ses tyrans..... Tout à coup Cyrus paraît aux portes de Babylone; les courtisans, dispersés, livrent Balthazar au glaive du vainqueur, et le peuple, exaspéré, se réjouit de changer de maître.

Ainsi, le gouvernement mixte, c'est-à-dire franchement constitutionnel, paraît être, à M. Desquiron de S.ᵗ-Agnan, le plus sage et le plus doux des gouvernemens, parce que, dans l'exercice de la puissance souveraine, le peuple forme un contre-poids salutaire. Viennent maintenant les grandes questions sur le choix des gouvernans : la souveraineté, ... de la couronne, l'ordre de successibilité, la ré-

gence, la minorité, l'éducation des princes, et leur serment
au jour où le pouvoir devra leur être confié.

De là, passant à la répartition des pouvoirs, il enseigne
que le pouvoir de fait appartient exclusivement au peuple,
tandis que le pouvoir de droit appartient exclusivement au
chef de l'État.

Ainsi, le peuple, dans un état mixte, a seul le droit de
faire les lois qui fixent les rapports du juste et de l'injuste.

Ainsi le prince, dans un état mixte, est chargé seul de
l'exécution des lois.

Après avoir divisé le peuple en douze classes, M. Desquiron de S.ᵗ-Agnan esquisse le tableau du gouvernement
constitutionnel ; il étend ses regards sur le sénat dirigeant,
sur l'armée, la judicature, les ministres, le conseil-d'État,
le domaine public, les mines, les tributs, la confiscation,
les amendes, le droit d'aubaine et le droit de déshérence.

Enfin, s'occupant des lois civiles et criminelles, il pose
les principes conservateurs, déduit les conséquences, et
porte l'œil du philosophe éclairé dans le chaos informe
qu'on appelle législation.

On sent que je n'ai pu donner ici qu'une idée bien im-
parfaite d'un ouvrage où tout étant substance, se refuse à
l'analyse. L'auteur, nourri de la doctrine des grands maîtres, s'est approprié leur manière, et souvent il n'est pas
au-dessous d'eux. Citons-en quelques exemples :

« Lorsqu'un sauvage, las de sa vie errante, voulut se
» fixer enfin au fond d'une forêt, il se creusa une hutte
» dans la terre, qu'il couvrit de feuilles de bananes et qu'il
» environna de palmiers. Voilà l'origine du droit de pro-
» priété ».

Le lecteur, en lisant ce court passage, se rappellera sans
peine le beau chapitre de Montesquieu sur la tyrannie, et

ne pourra refuser un sourire à son modeste imitateur. Voici quelques idées générales sur les passions :

« Les passions, dans l'homme, forment une partie es-
» sentielle de ses facultés morales ; on peut même avancer
» qu'elles sont la source de ses jouissances. L'homme sans
» passions est bien loin des grandes vertus. Je compare
» l'homme à un vaisseau, dont les passions sont les voiles
» et dont la raison est le pilote ».

Admirons cette image emblématique de la puissance souveraine.

Sung, empereur de la Chine, se promenant un jour dans une barque avec ses enfans, leur adressa ces paroles mémorables : « Cette barque, mes fils, c'est l'eau qui la
» porte et qui peut en même temps la submerger ; n'oubliez
» jamais que le peuple ressemble à cette eau, et l'empereur
» à cette barque ».

Voici quelques pensées sur le commerce :

« *Le Commerce* exporte toutes les superfluités d'un
» pays pour le fournir de tous les objets que son sol se
» refuse à produire. Il est donc sage aux princes de l'en-
» courager.

» L'or abonde dans les mines de *Tombut*, et les Maro-
» quins avides le reçoivent en échange du *sel* qu'ils trou-
» vent en abondance dans un canton du désert de *Sahura*.

» Ainsi, chez les hommes de la nature, *un grain d'un*
» *fossile nécessaire à la vie* est préféré à une *once d'or ;*
» et chez les hommes civilisés, l'*or* obtient la préférence
» sur tous les biens.

» Le commerce aime la liberté, parce qu'il repose sur
» la confiance et la bonne foi.

» *L'esclavage* comprime la pensée ; et le commerçant
» actif, lorsqu'il est frappé de la verge du despotisme,

» abandonne ses vastes projets pour ne songer qu'aux chaî-
» nes qui l'accablent.

    » Le commerce d'*Alger* est un brigandage que le dey
» tolère pour grossir ses trésors.

    » Le commerce de la *Russie* est un trafic, parce que le
» prince y fait la plus grande partie de la vente des articles
» les plus considérables en matières premières.

    » Le commerce de l'*Angleterre* est une usure crimi-
» nelle, parce que les grands, qui ont avancé les capi-
» taux, en retirent tout le fruit.

    » Le commerce seul des *États-Unis* est un vrai com-
» merce, parce qu'il est fait par des hommes libres, dont
» le gouvernement protége et favorise les travaux ».

Il est aisé de reconnaître dans l'auteur d'un tel ouvrage
toutes les qualités qui distinguent l'ami des hommes, l'ami
de tout ce qui est bien. On ne verra pas un tel écrivain faire
un vil trafic de sa plume ; il n'ira point avilir sa dignité dans
les antichambres des ministères ; il ne briguera point la faveur des grands ; il n'épousera point les funestes théories de
quelques agitateurs esclaves de toutes les tyrannies ; il fuira
le tumulte du monde, et, gémissant sur l'exagération des
partis, il cultivera la sagesse au sein de la solitude, et,
sans accuser ses semblables, il fera des vœux pour le bonheur de son pays.

Comment la commission de l'instruction publique, qu'on
dit être occupée du soin important de choisir de savans professeurs à la jeunesse studieuse, n'a-t-elle pas jeté les yeux
sur un jurisconsulte si digne de sa confiance ? Espérons
qu'un jour justice lui sera rendue : c'est le vœu sincère de
mon cœur.   A. M. T.

On a vu déjà l'opinion des érudits, il ne sera pas inutile de mettre au jour l'opinion particulière d'un sage ministre des autels.

Lettre de M. P......., *prêtre*, *à M.* Desquiron de Saint-Agnan.

J'ai l'honneur de vous rendre l'ouvrage de M. M.***, avec celui de *Dieu, la nature et la loi*. J'ai lu le premier une fois, et c'est suffisant. Le vôtre, l'eussé-je parcouru d'un bout à l'autre, ce que je n'ai pas, absolument parlant, achevé, je ne pourrais pas dire que je l'ai lu. Il mérite plus que cela, c'est d'être relu, et encore de nouveau avec une nouvelle attention. Aussi, ne vous dirai-je point et le plaisir qu'il m'a fait, et l'admiration que m'ont causé un grand nombre de chapitres, où des vérités profondément réfléchies s'y montraient nettement exposées, et où la force et la beauté de l'expression m'ont toujours paru dignes des graves et énergiques pensées qu'elle exprimait. Je ne puis cependant vous taire un éloge qui lui est bien dû, ce me semble, et qui en révèle le principal mérite. Votre ouvrage m'a paru en effet d'une étendue immense, quoique peu volumineux. L'obscurité, l'embarras que devait causer la réunion de tant de sujets qui y sont traités, une certaine confusion dans la suite des matières, si disparates entr'elles, m'y semblaient inévitables et me faisaient appréhender une lecture peu intéressante et même pénible. Bien loin de là, ce que j'en ai lu m'a paru clair partout. Trompé dans ma première attente, j'aurais voulu, je ne sais par quel dépit, tout entièrement honorable pour votre ouvrage, y trouver un peu de cet embarras, de cette obscurité dans l'exposition de la pensée, pour m'y arrêter et y réfléchir. Mais vainement; il m'a fallu marcher. Un style partout *aisé*, une suite de

courtes réflexions qui s'appliquent mutuellement , un raisonnement d'une palpable évidence et dépouillé de toute
forme syllogistique, et surtout le plus souvent une maxime
claire et vraie , tantôt dans sa seule simplicité , tantôt présentée sous une image frappante , enfin , un trait subit de
lumières m'ouvraient en quelque sorte la voie, m'en ôtaient
tous les obstacles et me forçaient de courir là où je pensais
m'arrêter quelques instans. Nulle part des discussions , et
lorsque je les croyais nécessaires , un seul mot , une seule
pensée , une sentence pleine d'autorité les remplissait et les
rendait inutiles. Ensuite, lorsque je prenais le livre , j'étais
tout étonné d'avoir passé outre , ne sachant par quelle force
magique j'avais parcouru si rapidement une si grande étendue, sans cependant manquer de voir et d'examiner même
ce qui méritait de l'être.   P....., *prêtre.*

CONCLUSION SUR LE LIVRE : DIEU , LA NATURE ET LA LOI

Extrait de l'Aristarque Français , du 16 Avril 1820.
— Dans un temps où les discussions les plus orageuses semblent restituer au doute les questions politiques qui avaient
déjà été décidées , où chaque parti marche à l'aventure dans
le système qu'il s'est tracé, au lieu de s'orienter par le secours des principes éternels de la philosophie , qu'on peut
appeler en quelque sorte la boussole des grandes âmes , ne
doit-on pas accueillir avec enthousiasme un ouvrage dont le
but est de lier indissolublement tous les rapports des hommes entr'eux , et de poser les bases solides de la société
comme de la morale.

M. Desquiron de St-Agnan embrasse tout dans son
aperçu ; rien n'échappe à sa vue pénétrante ; sa science profonde n'a rien laissé à l'abri de ses recherches; il sévit contre
toutes les erreurs de l'espèce humaine ; il plaint toutes ses

misères ; il découvre, il enseigne les remèdes des uns et des autres ; toute l'antiquité est présente à son esprit, l'Histoire moderne est sous ses yeux ; il les cite à son tribunal et les confronte ensemble : de cette confrontation jaillit la vérité.

Il est mille chemins pour s'égarer : il n'en est qu'un seul pour atteindre le véritable but ! Oh ! qu'il faut d'études, de jugement, de lumières pour démêler au travers de ce labyrinthe confus et tortueux de nos préjugés la route qui mène à la sagesse ! Cependant, ou Marc-Aurèle n'est qu'un imposteur, ou le monde ne peut être heureux, si la sagesse n'est point assise sur le trône. Les écrivains éloquens autant qu'érudits, qui consacrent le fruit de leurs veilles à épargner aux souverains des travaux immenses, d'ailleurs indispensables pour bien gouverner, ne sont-ils donc pas les bienfaiteurs des peuples et des rois, les consolateurs de l'humanité souffrante, les réparateurs de l'injustice ?

Le ton de M. Desquiron de S.ᵗ-Agnan est simple et modeste, mais ferme. Son style porte l'empreinte de la conviction, et cette conviction est communicative. Il examine rapidement les religions ; il les montre toutes infectées de sophismes et de mensonges. Le seul Évangile respire les sentimens de bienveillance, de vertu, de générosité qui annoncent un caractère divin que Rousseau n'a pu méconnaître. M. Desquiron de S.ᵗ-Agnan devient l'apôtre de l'Évangile, sa voix prend un accent plus noble et plus animé encore pour célébrer ce Code religieux du beau et de l'honnête, qui, à la différence des autres Codes humains, bornés à la répression des crimes, ordonne de bien faire, et exige l'amour du prochain, et la pratique de cet amour dans la charité.

Comment n'admirerait-on pas ce morceau plein de verve et d'énergie où l'auteur prêche avec tant de force et de raison la tolérance dont le règne sera indubitablement celui du bonheur sur la terre.

« La tolérance est la première des vertus. L'homme en société doit avoir le sentiment de son imperfection : livré aux passions qui lui font la guerre, il doit pardonner à ses semblables les mêmes erreurs dans lesquelles il est tombé lui-même ».

« Lorsque la tolérance régnera sur la terre, Socrate ne sera point condamné à boire la ciguë, Calas et l'infortuné Labarre ne périront point sur un échafaud, l'inquisition ne multipliera point ses victimes, la S.ᵗ-Barthélemy ne sonnera point le tocsin du carnage, Charles I.ᵉʳ ne verra pas le triomphe de Cromwel, le juif ne sera point un objet de mépris chez toutes les nations, les pulchis seront des hommes dans le Malabar, les parias seront des citoyens dans l'Inde, les nègres ne seront point condamnés au plus honteux esclavage, le sang des ilotes n'arrosera point le champ fertilisé par leur sueur, les chrétiens ne gémiront plus dans les bagnes d'Alger ou de Tunis, les législateurs n'ordonneront plus que la langue des blasphémateurs soit percée d'un fer rouge, les magiciens ne seront point condamnés au feu, les Vaudois ne seront point massacrés au nom d'un Dieu de paix, les Irlandais ne courberont plus la tête sous le joug de la tyrannie, les croisades ne condamneront pas un vaste pays à la dépopulation, les Albigeois n'offriront plus dans leurs champs malheureux les tristes effets de la guerre civile ».

Que ne puis-je suivre M. Desquiron de S.ᵗ-Agnan dans sa course, et observer avec lui toutes les nuances qui font de l'homme un être si différent selon la diversité des pays; et après avoir marqué ces modifications de l'individu, signaler ensuite les généralités de l'espèce.

Il suffit de six lignes à l'auteur pour enfermer le germe de toutes les pensées qu'on pourrait étendre en un volume. Quelquefois il se plaît à resserrer un livre dans ce petit espace. On a reproché cette affectation à Montesquieu ; mais ce sont là les originalités du talent. Après tout, que servirait un long verbiage ? N'a-t-on pas tout dit sur les passions quand on a écrit ces paroles :

« Je compare l'homme à un vaisseau dont les passions sont les voiles, et dont la raison est le pilote ».

Voici un chapitre remarquable par sa profondeur. M. Desquiron de S.ᵗ-Agnan a employé la forme de l'apologue, pour exprimer une leçon importante :

« Tait Sung, empereur de la Chine, se promenant un jour dans une barque avec ses enfans, leur adressa ces paroles mémorables :

« Cette barque, mes fils, c'est l'eau qui la porte, elle peut en même temps la submerger. N'oubliez jamais que le peuple ressemble à cette eau, et l'empereur à cette barque ».

Je le demande, n'y a-t-il pas cent fois plus de force dans ce peu de mots que dans vingt pages de raisonnemens prolixes ?

Dans une espèce d'épisode qui a pour titre les *Wahabis, songe qui n'en est pas un*, M. Desquiron de S.ᵗ-Agnan fait le portrait d'un citoyen vertueux, incorruptible, disgrâcié pour avoir démasqué le vice et la fourberie, et précipité du faîte de ses emplois dans la gloire d'une bonne conscience et de l'estime universelle. On dirait que ce n'est pas un portrait de fantaisie, et que M. Desquiron de S.ᵗ-Agnan a voulu jeter le voile d'une allégorie ingénieuse sur un événement qui est à sa connaissance. Au reste, nous ne pouvons rien assurer sur cette conjecture qui n'est motivée dans notre esprit que par ces expressions : *songe qui n'en est pas un.*

Quoi qu'il en soit, l'ouvrage de M. Desquiron de S.ᵗ-Agnan doit, par l'éclat, le style, la profondeur des pensées, la nouveauté des aperçus, l'inconcevable érudition qu'il suppose, devenir un monument précieux des lumières de notre siècle, et une puissante digue opposée au torrent des préjugés gothiques. Qu'il est beau d'être le précepteur du genre humain, quand on ne révèle que ce qui peut être utile ! et qu'au lieu de séduire sa raison par de brillans sophismes, on la rappelle aux vérités incontestables que la nature a gravées dans tous les cœurs.

Je finirai par où j'aurais dû commencer peut-être, par la citation d'un passage de la préface qui, pour ressembler à l'ouvrage extraordinaire qu'elle annonce, est courte et intéressante. M. Desquiron de S.ᵗ-Agnan parle de Montesquieu :

« Cet écrivain célèbre répétait sans cesse qu'il serait le plus heureux des mortels, si par ses écrits il contribuait à rendre un jour les hommes meilleurs. Hélas ! il ne prévoyait pas alors que sa triste patrie serait bientôt en proie à la fureur des partis ; il était loin de penser que le plus bel élan d'un peuple vers la liberté, allait être signalé par le plus affreux des crimes.

» J'ose, après ce vertueux philosophe, renouveler ce vœu sacré ; je voudrais, dans le saint enthousiasme qui m'anime, élever un trône indestructible à la concorde, et placer ainsi tous les hommes sous l'empire d'une bienveillance universelle ».   P. D***.

Les révolutions politiques et les désastres qui signalèrent les années 1814 et 1815, entraînèrent M. Desquiron de S.ᵗ-Agnan loin du sol français. Il reparut à Mayence, et voici le témoignage flatteur qui accueillit et honora sa présence dans une ville où il s'était concilié la plus juste admiration.

Qu'on y songe bien, c'était à l'époque déplorable de 1816 ; Mayence alors était affranchie du joug impérial, le nom français y était alors exécré, les victimes du despotisme qui avait pesé sur ces contrées y avait laissé des plaies profondes qui saignaient encore.

Hé bien ! ce fut dans ces mêmes jours d'exaspération que l'ordre des avocats s'empressa d'offrir un banquet splendide à l'ancien procureur impérial qui avait fait respecter parmi eux les lois de la justice. M. Desquiron de S.ᵗ-Agnan y fut entouré d'hommages ; il y fut l'objet de tous les égards et de tous les respects. Mille cris de reconnaissance et d'amour se firent entendre au sein de la population qui s'était portée vers l'hôtel des Trois Empereurs où s'était ouvert le banquet civique.

Le nouveau Tribunal de Mayence s'étant réuni spontanément à cette occasion, le 16 Mai 1816, les magistrats qui avaient été les amis, les collègues de M. Desquiron de S.ᵗ-Agnan, prirent la délibération suivante, dont ils vinrent en corps lui offrir l'expédition en forme.

« M. le président expose que M. Desquiron de S.ᵗ-Agnan, ancien magistrat à Mayence, a droit à un témoignage authentique de sa belle conduite parmi nous pendant la durée de ses fonctions.

» M. le procureur du cercle prend la parole, et dit que M. Desquiron de S.ᵗ-Agnan s'est non-seulement distingué dans ses fonctions par son érudition, ses profondes connaissances dans le droit et autres sciences y relatives, mais encore qu'il y a toujours joui de la réputation d'une moralité intacte pendant son séjour à Mayence, et qu'il était à sa connaissance personnelle qu'il ne s'était jamais écarté des devoirs que lui imposaient ses fonctions.

» Le Tribunal, en conséquence, a ordonné qu'attendu que la déclaration de M. le procureur du cercle s'accordait parfaitement avec les renseignemens que chacun des membres du Tribunal avait obtenus à ce sujet, l'extrait de la présente délibération serait présenté par le Tribunal en corps à M. Desquiron de St-Agnan ».

Signé à l'original, SCHWIN, MERKEL,
PITTCHASFT, VERNER, *Président*.

Le procureur du Cercle, SWAAB.

Pour extrait conforme, METZ, *commis-greffier*.

La traduction littérale et authentique de cette délibération a été déposée dans les archives du bureau du personnel au ministère de la justice.

Recueillons ici une lettre autographe de M. le baron Harscher d'Almendingen, qui mettra au grand jour tout ce qui peut être désirable pour appeler l'estime et la considération sur la personne de M. Desquiron de St-Agnan.

Dillembourg, ce 30 Août 1816.

A M. Desquiron de St-Agnan, *ancien magistrat.*

Monsieur, votre lettre du 19 de ce mois ne m'a été remise qu'hier, 29 ; elle m'a causé autant de surprise que de chagrin. Je n'aurais jamais cru qu'une liaison aussi innocente que celle qui a existé entre vous et moi, aurait pu devenir l'objet d'une dénonciation ou d'une intrigue. Je suis prêt à vous fournir, autant qu'il tient à moi, des armes contre vos *calomniateurs*.

Ce que vous exigez de moi à cet égard tient aux devoirs de l'honnête homme.

Lorsqu'en 1807, le chef du gouvernement français conçut l'idée singulière de propager le Code Napoléon dans toute l'Europe et de l'introduire surtout dans les états des princes allemands confédérés, le duché de Nassau fut invité, comme tous les autres, à concourir à cette mesure.

Ce dernier m'imposa la tâche honorable et difficile de le mettre au fait du contenu de ce Code étranger; pour remplir les vues de mon souverain, je me rendis à Mayence, chef-lieu d'un département, siége d'une préfecture, d'un Tribunal criminel, etc. Je choisis ce séjour, parce que j'y pouvais voir les lois organiques du Code mises en jeu et en mouvement.

Ce fut alors que j'eus l'honneur de faire votre connaissance : *magistrat, jurisconsulte, auteur de plusieurs ouvrages estimés sur la jurisprudence française*, vous pouviez, mieux que personne, me mettre au fait de ce que j'ignorais et me mettre en état d'instruire mon gouvernement.

Les rapports que je fis à mon ministère sur l'objet de ma mission, firent de vous la mention la plus honorable ; *vous fûtes accueilli à la Cour de Biebrich avec distinction.*

Le gouvernement s'empressa de vous donner des témoignages d'estime pour les services que vous lui aviez rendus en vous mettant avec moi dans des rapports à la vérité purement littéraires, mais dont l'objet était lié avec les intérêts politiques du jour.

Nul doute que **S. A. S.** le feu duc Frédéric-Auguste de Nassau ne vous eût fait présent de son portrait, auquel vous paraissiez attacher un grand prix, si l'introduction du Code Napoléon n'eût éprouvé des retards, et si le projet n'eût à la fin échoué.

C'était aussi à cette époque que vous deviez recevoir une gratification de *trois mille francs*. Le mandat de six cents francs sur le trésor ducal, que je fus chargé de vous remettre au mois de Mars 1818, *était un remboursement juste et mérité des dépenses que je vous avais occasionnées*, et qu'un homme à talent comme vous pouvait sans rougir recevoir de la main d'un particulier, et à plus forte raison de celle d'un prince régnant.

Je sais très-bien, néanmoins, que dans ce temps-là même des envieux vous en ont fait un crime. Mais je ne me serais point douté qu'un fait insignifiant en lui-même eût pu fournir matière à une dénonciation aussi MENSONGÈRE que CALOMNIEUSE.

Votre caractère connu, vos mœurs, votre PROBITÉ, à laquelle tout le *public de Mayence a rendu justice*, auraient dû vous en garantir.

Puisque j'en suis innocemment la cause, il est juste que je me charge *de votre défense*; c'est un *devoir sacré que la Providence m'impose*, je m'en acquitterai de mon mieux. Je vous autorise donc à faire de cette lettre l'usage que vous jugerez convenable.

J'écrirai à S. Exc. le ministre de la justice si vous croyez que cela puisse vous être utile.

En France, on ne pourra être indifférent au témoignage d'un homme public, probe, et à l'abri du soupçon; mon nom est connu dans l'Allemagne littéraire; autrefois celui de ma famille n'était pas inconnu dans les bureaux des ministres de la France.

Le baron Harscher d'Almendingen, qui se trouve dans l'Almanach royal de France, des années 1761, 62, 63, 64, 65, 66, 67 et 68, sous la rubrique *ministres des Cours étrangères résidans près du Roi*, était mon père.

A ces titres différens, je me crois en droit d'attendre qu'on s'en rapportera à ma simple PAROLE D'HONNEUR, lorsque j'assure que les rapports que j'ai eus avec vous au nom de mon gouvernement ont été *tels que je viens de les expo-ser*; que le mandat de six cents francs tient à une cause aussi *honorable pour vous* que pour le gouvernement; que le *portrait* et les *trois mille francs* dont il est fait mention dans la *calomnieuse* dénonciation tiennent à des projets qui n'ont pas eu de suite; que tout le reste est l'*invention insidieuse de quelque intrigant obscur et méprisable*.

Le gouvernement de Nassau sait mieux apprécier les vins qui sont le produit de son sol, que vos calomniateurs l'ont voulu faire croire; ce gouvernement est trop loyal pour corrompre la loyauté d'autrui.

J'ose croire, Monsieur, que si vous faites usage de ma lettre, elle remplira le but que vous en attendez; si vous en jugez différemment, je vous prie de me le faire savoir, je ferai toutes les démarches nécessaires pour vous satisfaire pleinement.

Mme d'Almendingen me charge de mille complimens pour vous et pour Mme Desquiron de St-Agnan, à laquelle je vous supplie de présenter mes hommages.

J'ai l'honneur d'être, etc.

> Signé le baron HARSCHER D'ALMENDINGEN,
> *conseiller-d'état et président de la Cour des appels de S. A. S. le duc de Nassau.*

En s'éloignant de Mayence, M. Desquiron de St-Agnan visita la Suisse, la Haute-Allemagne, la Bavière, l'Italie et l'Angleterre; et les fruits qu'il rapporta de ses voyages ne tardèrent pas à se manifester à un public qui avait souri à ses premiers travaux. Cette fois il avait invoqué la consolation des muses et le poëme épique de Solyme conquise, vaste composition en vingt chants, vint prouver qu'il en avait été assez heureusement inspiré.

On en pourra juger par les analyses que nous allons produire en témoignage.

Extrait du Constitutionnel, du 15 Novembre 1819. — Solyme conquise, ou la Dispersion des Juifs, poëme épique en vingt chants, par M. A. T. Desquiron de St-Agnan, de l'Académie d'Erfurt.

C'est un important ouvrage qu'un poëme épique ; il faut, pour une création pareille, du génie et du talent. La nature accorde rarement ces dons ; elle fait peu d'Homère, de Virgile, de Milton et de Torquato ; mais le poète qui parviendrait à occuper une place au-dessous de ces écrivains, aurait encore une belle gloire. Le désir de l'acquérir a enflammé le cœur de M. Desquiron de St-Agnan, et sa muse a osé tenter une épopée. Il faut d'abord le louer de son audace ; on doit lui rendre encore une autre justice : son ouvrage est plein d'un mérite réel ; on y trouve des beautés d'un ordre élevé, des scènes dramatiques, des discours qui ne manquent pas d'éloquence, et souvent de la haute poésie. M. Desquiron de St-Agnan ne s'est point assez défié de son extrême facilité, ses vers ne sentent jamais la peine, mais la poésie française demande une constance de travail et une sévérité de goût qui ont manqué plus d'une fois à l'auteur.

M. Desquiron de St-Agnan a beaucoup de verve, ses narrations sont pleines de feu, mais il refroidit sa composition par des négligences et des traits qu'il semble jeter au hasard. Qu'il apprenne dans Boileau à connaître l'art des heureux sacrifices, et le prix d'une rigoureuse précision.

Nous pourrions encore adresser quelques reproches ou quelques avis à M. Desquiron de St-Agnan ; mais nous aimons bien mieux nous hâter de dire que cet auteur a développé beaucoup de ressources et de talens dans sa vaste composition, et qu'elle lui fait le plus grand honneur. M. Desquiron de St-Agnan se joue quelquefois des plus grandes difficultés avec un rare bonheur. Nous saisirons une occasion de rendre une justice complète au poëme de *Solyme* dans un article où la sincérité de la louange n'ôtera rien à la sévérité de cette critique que doivent aimer tous les hommes qui chérissent leur art, et qui sont capables de pratiquer les préceptes du beau et du vrai (1).

Extrait du Courrier des Spectacles, du 19 *Février* 1820. — *Solyme conquise,* ou *la Dispersion des Juifs, par M.* Desquiron de St-Agnan, *de l'Académie d'Erfurt, avec gravures et un plan de Jérusalem.*

PREMIER ARTICLE.

Combien notre littérature ne doit-elle pas s'enorgueillir d'un poëte qui consacre ses veilles à l'enrichir d'une épopée ? Quel vaste effort d'imagination ! Qu'un auteur fournisse, dans une tragédie, la carrière de cinq actes avec succès, que sa verve le soutienne dans la composition de deux mille vers, on s'étonne, on l'admire, on proclame son nom avec enthousiasme. Quel prix, quels honneurs décerner à l'écrivain favori des Muses, qui demande seize mille vers à son génie, qui met en mouvement les machines les plus compliquées, et les fait jouer sans effort ? D'ailleurs, le disciple

---

(1) Cet article, trop flatteur sans doute, est resté dans les cartons du célèbre Tissot, digne successeur de Delille. Une inimitié personnelle en a fait toujours éluder l'insertion dans les colonnes du *Constitutionnel.*

de Melpomène a pour lui toute l'illusion du théâtre , tout
le prestige qu'ajoute à son ouvrage le débit des acteurs.
L'émule d'Homère et de Virgile n'est jugé que sur une
froide lecture , et dans un siècle où la politique envahit
tout , il faut du temps , sans doute , pour qu'une épopée
puisse être appréciée à sa juste valeur. C'est ainsi que ce
grand monument littéraire , le *Paradis perdu* , qui a sur-
vécu à Milton pour sa gloire et celle des Anglais , n'obtint
l'admiration qu'il mérite qu'après la mort de son auteur.

Soyons cependant plus équitables; rendons, dès aujour-
d'hui , justice à l'auteur de *Solyme conquise* ; et que le
tribut de louanges , qui seul doit payer dignement ses longs
travaux , lui soit offert tandis qu'il en peut jouir.

C'est une idée grande et sublime , que celle d'avoir choisi
pour sujet d'un poëme , une des époques les plus importantes de l'histoire du monde , la Dispersion des Juifs. Le
mélange de l'Histoire profane avec l'Histoire sainte , im-
prime à cet ouvrage un caractère neuf et tout particulier.
Les contrastes qui en résultent à chaque pas , frappent et
intéressent le lecteur. Le bras de Dieu étendu sur Jérusalem , la colère de Satan qui sert de ministre aux volontés
du souverain arbitre des destinées , forment un spectacle
imposant. Toutes les passions humaines , instrumens des
décrets du ciel et des fureurs de l'enfer , amènent des incidens pleins de variétés , sont une source féconde de beautés
de détail.

Le poëme s'ouvre par une opposition admirable entre la
sagesse de Dieu et la sagesse de Satan. Jéhova fait descen-
dre Michaël auprès de Jéhu : l'ange

> ..... Lui sourit, et d'un souffle magique,
> Pénètre tous ses sens de l'esprit prophétique.

Jéhu prédit la ruine prochaine de Jérusalem. Le peuple

effrayé implore la bonté de Dieu , et chante un chœur où brille le passage suivant , sur le sacrifice d'Abraham :

> ..... L'Éternel couronna sa tendresse.
> Toujours humble en sa foi, de la triste vieillesse,
> Sara, sans être mère, essuyait la rigueur;
> Un fils vint lui sourire et la rendre au bonheur.
> Bientôt le roi du ciel, le Dieu de l'alliance,
> Voulut du patriarche éprouver la constance.
> Il voulut que son bras armé d'un fer cruel
> Dans le sein de ce fils portât un coup mortel.
> Le vieillard, étouffant la voix de la nature,
> A cet ordre funeste, obéit sans murmure;
> Déjà sur le bûcher son fils est étendu;
> Déjà son bras sanglant tient le fer suspendu.......
> Mais il a trouvé grâce auprès d'un Dieu propice,
> Un bélier vient s'offrir lui-même en sacrifice;
> Et l'ange du Seigneur fait tomber de sa main,
> Un glaive teint de sang, mais pur de sang humain.

Je n'ai pu résister au plaisir de citer ce morceau , qui me paraît supérieur à tous ceux de notre poésie , où le même sujet a été présenté.

Cependant, Eléazar , chef des zélateurs , ranime le courage du peuple. Le conseil des esprits infernaux s'assemble pour résister aux desseins de Jéhova. Satan , à l'aide d'un songe , inspire à Eléazar tous les transports de sa rage. On attaque Florus qui , amolli dans les voluptés , est facilement vaincu. Les Romains sont chassés de Jérusalem. Florus adore Hégasippe , fille d'Agrippa , roi de la Traconite. Mais Hégasippe lui préfère un jeune héros, l'aimable Gallus Cestius. Ce chef des Romains répare l'affront du peuple-roi , dans une bataille où il triomphe d'Eléazar , et l'armée se dirige sur Béthoron.

> A peine séparé du torrent de Cédron,
> Par le sillon qu'un bœuf dans sa marche indolente
> Peut tracer en un jour sur l'arène brûlante.

Vers admirables par la couleur d'antiquité qui les distingue.

Vingt mille habitans d'Hersalaïm , réfugiés sur une montagne , sont consumés par les flammes , pour avoir refusé d'adorer César. Une jeune victime espérait échapper ,

> Lorsqu'un prêtre cruel saisit ses longs cheveux,
> Et la rendit vivante au tourbillon de feux.

Ce tableau est d'une énergie effrayante. Satan parvient à séduire Florus par l'espérance de posséder Hégasippe : il l'entraîne aux enfers , et lui étale les horreurs de ce sombre séjour. Il faut nous arrêter dans ce chant sur la peinture de l'anarchie

> Qui glace au fond des cœnrs l'amour de la patrie,
> Qui des vastes états provoque les revers
> Et verse dans leur sein le poison des enfers.
> Elle asseoit la famine où règne l'abondance,
> Elle boit à longs traits les pleurs de l'innocence,
> Son souffle impur corrompt les plus douces vertus
> Rend leur force première aux tyrans abattus.
> .. . .
> Rien ne peut arrêter la fureur qui la guide,
> Elle arme avec transports la main du parricide.

Les images de l'enfer n'épouvantent point Florus , qui se flatte d'obtenir Hégasippe. Tandis que Vespasien est couronné empereur , et célèbre cet événement par des jeux dont la description est magnifique , le Romain , qui a oublié ce nom , est transporté par son affreux protecteur dans un lieu enchanté , où tout respire l'amour. Le contraste de ces deux chants produit un effet surprenant. Il est impossible d'exprimer les douceurs de la molesse et de la volupté en vers plus mélodieux. Hégasippe est livrée à son coupable amant ; mais sa fierté , sa vertu repoussent d'odieuses caresses.

Les Juifs rassemblent leurs forces pour lutter contre l'armée romaine , qui va former le siége de Jérusalem. Parmi les défenseurs qui s'arment pour cette ville réservée à une chute éclatante , distinguons Joram , guerrier instruit , qui prévoyait la destruction éloignée de Rome. Cette reine du monde

> Lui fit voir au sénat mille Rois enchaînés ;
> Il avait reconnu les causes de sa gloire
> Et pressenti le jour où perdant la victoire,
> Cette ville superbe, objet de tant de vœux,
> Verrait humilier ses remparts fastueux.
> Tout paraît, croît et meurt sur la terre où nous sommes.
> Rome devait périr, car l'orgueil perd les hommes.

Pour fléchir l'éternel , les cantiques sont dans les bouches des vierges de Sion ,

> Au moment où l'arrêt de malédiction
> Porté contre les Juifs au séjour du tonnerre,
> Allait par ses rigueurs épouvanter la terre.

A. D.

DEUXIÈME ARTICLE.

Cependant l'un des héros de l'armée romaine, Pollion , attiré dans un piége , tombe au pouvoir d'Eléazar , et ce superbe tyran , ivre de ses espérances et aveuglé par l'ambition, refuse le pardon que César lui fait offrir par Josephe. Ce Pollion , qu'Eléazar a fait arrêter par ses satellites , est aimé de Gédalide , fille d'Elisaph. Cette jeune héroïne parvient avec son père à briser les fers de son amant renfermé dans la tour Antonine. Titus, de son côté, apprend l'esclavage d'un guerrier qu'il regrette, fait avancer ses troupes et le combat s'engage.

> Le choc des boucliers retentit dans les airs,
> L'acier heurtant l'acier fait jaillir mille éclairs.

Ici se présente une idée remarquable par sa beauté. Dans

l'*Iliade*, la fille de Léda, Hélène, montre et fait connaître à Priam, du haut des remparts de Troie, les combattans qu'a vomis le camp des Grecs. Herminie apprend au farouche Aladin, dans la *Jérusalem délivrée*, les noms des pieux chevaliers qui assiégent la ville dépositaire du saint tombeau. Le Tasse a volé Homère. M. Desquiron de St-Agnan a déguisé et légitimé son emprunt par le renversement ingénieux qu'il a imaginé. Pollion, dans la tour Antonine où Gédalide est venue lui arracher ses chaînes et est renfermée avec lui, explique à cette jeune beauté quels sont les guerriers que l'Aigle romaine guide contre les Juifs insensés. Voici les portraits de Titus et de Trajan ;

.... Ce guerrier qui soupire,
C'est Titus, noble espoir de Rome et de l'empire ;
Tu le vois, sur son front la douce majesté
Se confond sans effort aux traits de la bonté.

....
O fille d'Elisaph, si, des lieux où nous sommes,
Tu le vois s'attendrir, c'est pour le sang des hommes.
Avant que de donner le signal des combats,
César fut outragé par le fils de Catlhas.
Vierge, s'il regne un jour sur le trône du monde,
Rome vivra long-temps dans une paix profonde ;
Titus alors sera l'idole des humains,
Les délices du monde, et l'orgueil des Romains.
Auprès de ce héros, digne fils d'Emilie,
Trajan, noble guerrier, dans les périls s'oublie ;
Trajan, de nos vieillards a la maturité ;
Rien ne peut résister à son bras indompté.
Sa douce modestie égale sa sagesse,
Et son courage seul décèle sa jeunesse.
Rome dut autrefois sa gloire a ses aïeux.
Ce héros reunit des titres précieux,
Et si l'empire un jour, par un malheur insigne,
Pouvait se diviser, Trajan lui seul est digne,
Par ses nobles travaux et ses mâles vertus,
De marcher le collègue et l'égal de Titus.

7

La victoire ne balançait plus et se rangeait dans le parti des Romains, quand tout à coup le monarque des enfers, protecteur d'Éléazar, déploie sa puissance horrible; le ciel est obscurci, le soufre et le bitume remplissent les airs, et les Romains triomphant de l'ennemi, mais vaincus par le désordre de la nature, sont réduits à prendre la fuite.

Cependant, Titus fait redemander au tyran, ce Pollion qu'il croit encore dans les liens des Juifs. Éléazar déclare qu'il n'est plus maître de ce héros; qu'Élisaph en est en possession dans la tour Antonine. On conduit l'envoyé au pied de la tour. Il expose l'objet de sa mission. Un combat s'élève dans le cœur du Romain. Quitter Gédalide ! renoncer à la gloire ! Mais l'honneur lui commande de rester auprès d'É-lisaph. L'honneur est écouté. Titus, désolé des malheurs qui l'accablent, fait consulter la Pythie. La réponse que ses envoyés rapportent est favorable.

> Un guerrier généreux que protègent les anges,
> Contre un fier ennemi conduira nos phalanges;
> Il verra de Sion s'écrouler les remparts
> Et flotter sur Acra les Aigles des Césars.
> Rome doit triompher, lorsque Titus plus sage
> Aura de ses erreurs dissipé le nuage;
> Qu'il suivra les conseils d'un vieillard respecté,
> Nourri dans le désert du pain de vérité;
> Les enfans de Jacob, privés de leurs richesses,
> Seront abandonnés par le Dieu des promesses.

A. D.

TROISIÈME ET DERNIER ARTICLE.

La lutte du roi des enfers contre les armes de Titus ne se ralentit point, et les Romains voient toujours échapper la victoire au moment où ils viennent de la saisir. Mais une vision sublime transporte Titus dans le ciel. Entendons le récit qu'il en fait lui-même avec toute la magnificence de poésie qui peut ajouter encore à l'éclat d'une belle idée.

En secret agité par un grand souvenir,
Il aborde Joseph, qu'il a fait prévenir;
Et pendant qu'Eliphron, sur le champ des batailles,
S'abandonne aux regrets et veille aux funerailles,
Il s'assied, se recueille, et s'exprime en ces mots :
Fils de Cabbis, mon père au trône des héros,
Après avoir puni l'imposture et l'audace,
Aux yeux de l'univers vient de prendre sa place.
Et moi, fils malheureux d'un père révéré,
Des plus justes douleurs chaque jour dévoré,
Moi, que le sort poursuit au milieu des alarmes,
Je vois s'évanouir la gloire de mes armes;
La victoire un moment couronne mes efforts,
Un Dieu terrible, un Dieu de ses fougueux transports
Lance du haut des airs mille flèches cruelles,
Et ranime l'orgueil de ces peuples rebelles;
J'ose te l'avouer : des présages nombreux
M'annoncent que le ciel veille sur les Hébreux.
Tout est obscur pour moi depuis le jour funeste
Où l'oracle annonça la volonté céleste.
Au milieu des devoirs qui me sont imposés,
Par un trouble inconnu mes sens sont maîtrisés.
Cette nuit je dormais; agité par un songe,
J'ai cru voir..... O mortels! faut-il que le mensonge
Vous poursuive toujours jusques dans le sommeil!
Porté jusques aux cieux sur le char du soleil,
J'ai cru voir de Zéus la demeure éternelle.

J'ai cherché vainement, dans la cour immortelle,
Saturne, Mars, Venus et la fier Junon,
Mercure, Iris, Vulcain et le sage Apollon.
Sur un trône d'azur, resplendissant de gloire,
J'ai vu le Roi du ciel dont tu me fis l'histoire;
A sa droite brillait, d'un éclat radieux,
Un dieu dont les regards embrassaient tous les cieux
A sa gauche on voyait un soleil de lumière
Qui semblait réunir le fils avec le père;
Et ses divins rayons ne formaient dans le ciel
De trois divinités qu'un nœud coéternel.

Une vierge occupait le fond du tabernacle;
Elle versait des pleurs. Par l'effet d'un miracle,
Sans cesser d'être vierge, un fils puisa le jour
Dans ses flancs fécondés par un divin amour.

Il est impossible d'exprimer avec plus de grandiose un mystère plus surprenant. Titus, frappé de cette révélation miraculeuse, cède aux conseils de Josephe. Il fait venir dans son camp le pieux Cléophas qui, dans la solitude, médite et pratique les salutaires préceptes de la nouvelle loi apportée au monde. Cléophas, en présence du fils de l'empereur, développe l'histoire des Juifs et celle de la religion. Tous les grands traits de la Bible passent en revue devant les yeux du lecteur, ornés de cette parure d'expression que demande un pareil sujet. Titus ne peut résister au torrent de vérités qui, pour ainsi dire, inondent tout à coup son esprit. Il implore le bonheur d'être chrétien.

A ces mots, murmurant la parole de vie,
L'apôtre de la foi, sur le front du héros,
D'un liquide cristal laissa couler les flots;
Et sa main le dota du signe salutaire,
Au nom de l'Esprit-saint, et du Fils, et du Père.

Ce dernier vers est heureux, pour ennoblir une formule que l'usage fréquent semblait devoir proscrire de la poésie, sans le renversement aussi simple qu'ingénieux imaginé par l'auteur.

Que ne puis-je suivre M. Desquiron de S.t-Agnan dans tous les détails de son ouvrage. Mais comment dans une analyse rapide qu'on ne peut s'empêcher de semer de citations aussi intéressantes, parcourir toutes les parties d'un poëme en vingt chants? A peine a-t-on le temps d'effleurer la surface des objets. Gallus est rendu au camp de César. Les tours de la superbe Jérusalem sont enfin renversées. Ces monumens qui rendaient témoignage de la puissance des rois juifs, tombent dans la poussière, et César, pour punir les rebelles,

Disperse leurs tribus sur tous les points du monde.

Parmi les qualités distinctives du style de M. Desquiron de St-Agnan, nous remarquerons l'abondance, la noblesse sans enflure, la simplicité sans petitesse, l'art de jeter les pensées de manière à ne point paraître sententieux, la véhémence dans la narration, la chaleur dans les discours oratoires. Parfois on rencontre quelques vers négligés, quelques termes impropres, des rimes qui ne sont pas toujours assez pleines, et de ces taches

Quas aut incuria fudit
Aut humana parum cavit natura.   Hor.

Mais nous ne doutons pas que M. Desquiron de St-Agnan ne fasse, dans les éditions subséquentes de son poëme, disparaître entièrement les fautes légères qui s'y rencontrent clair-semées. Ce ne sont pas des écrivains tels que lui qui ont le droit de ne jamais retoucher leurs ouvrages. La médiocrité seule est ennemie des corrections et s'y refuse. Le vrai talent n'aspire qu'à perfectionner sans cesse.

A. D.

Extrait du Journal l'Indépendant, du 7 *Janvier* 1820. — *Solyme conquise*, ou la dispersion des Juifs, poëme en vingt chants, par A. T. Desquiron de St-Agnan, de l'Académie d'Erfurt.

Jérusalem est assurément la ville du monde dont la destinée a été la plus grande et la plus féconde, sans excepter Rome même. Elle a été la contemporaine de tous les peuples; son histoire se trouve associée à toutes les grandes époques de l'histoire du monde. Les nations ont leurs âges comme les hommes.

On peut dire que Jérusalem a vécu trois âges de nation, et il serait difficile de décider dans laquelle des trois grandes périodes qui composent son histoire, cette cité est plus illustre; où se montre-t-elle avec plus de splendeur? dans la Genèse, dans l'Évangile, ou dans le récit des croisades? ses malheurs ont égalé sa gloire. Tous les faux dieux semblent s'être armés contre son Dieu; tous les prophètes imposteurs contre ses deux législateurs divins, toutes les idolâtries contre son culte. Elle a vu les temples païens s'élever sur les ruines du temple de Salomon, ceux de Mahomet sur les ruines de l'église. Une mosquée est aujourd'hui bâtie sur le tombeau du Christ. Cependant, destinée admirable! cette cité tant de fois détruite de fond en comble, s'est toujours relevée. Aujourd'hui même qu'il ne lui reste plus aucun vestige de ses vénérables monumens, nos voyageurs, nos artistes, nos écrivains semblent vouloir lui rendre une nouvelle vie; elle devra peut-être au génie des arts une quatrième existence.

Nous souhaiterions volontiers à l'auteur du poëme de *Solyme conquise* une part dans la gloire de cette nouvelle résurrection, s'il n'y avait trop d'emphase dans un tel vœu; nous nous bornerons à le féliciter d'avoir choisi pour traiter son sujet au moment où les regards de l'Europe savante se tournent vers l'Orient, et où la Palestine devient en quelque sorte classique. Sans cette circonstance son poëme n'aurait eu pour nous qu'un bien faible intérêt. Le sujet de son épopée est le siége de Jérusalem par Titus. Le titre de *Solyme conquise* est un peu vague, et il a besoin de l'explication du second titre. Solyme a été conquise tant de fois!

Dans un temps plus heureux et plus favorable à la poésie, ce serait un point de dissertation littéraire assez intéressant que de considérer cet événement historique comme sujet d'épopée ; mais le temps, l'espace et l'attention des lecteurs nous manqueraient à la fois. C'est déjà peut-être trop attendre de leur patience que de consacrer deux colonnes à l'examen d'un ouvrage de plusieurs années.

Voici le sommaire de la fable du nouveau poëme. Les Hébreux méconnaissent la divinité du Christ ; ils persistent dans leur incrédulité malgré les nombreux avertissemens du Seigneur, dont la colère s'annonce par des signes précurseurs. Satan arme sa milice infernale pour arrêter les progrès de la foi chrétienne ; l'ange des ténèbres répand dans la ville sainte un esprit de discorde. Les factions s'emparent des Hébreux. Éléazar, chef des zélateurs, se révolte contre les Romains et chasse leur chef Florus, qui s'était endormi au sein des voluptés : mais Rome s'arme pour la vengeance. Vespasien et son fils Titus triomphent de la cité malheureuse en proie aux factions et ravagée par une foule de fléaux que l'enfer a vomis sur elle. Ainsi la parole de Dieu s'accomplit.

Le plan est sage, et ce système merveilleux est bien choisi et bien ordonné. Peut-être l'auteur a-t-il eu tort de développer son sujet en vingt chants, ce qu'il n'a pu faire sans le charger d'épisodes et de descriptions ; il en résulte que l'action marche quelquefois avec lenteur et que les personnages principaux n'agissent pas assez. Celui de Titus se perd souvent dans une foule de héros obscurs ; l'auteur semble n'avoir eu ni le temps ni la place de célébrer ses amours avec Bérénice, tandis qu'il donne une place considérable à l'épisode de Florus et d'Hégasippe. Cet épisode, il faut en convenir, est plein d'intérêt et d'originalité. Enfin l'événement principal, le siége de Solyme, la peinture des souffrances des Hébreux, moissonnés par la faim et par la contagion, se déchirant entr'eux, excités par la discorde que l'enfer souffle dans la cité , ce grand tableau que l'historien Josephe a rendu si pathétique sans le secours du merveilleux, est resserré dans un des vingt chants de ce long poëme.

Ce luxe d'accessoires qui gênent les parties principales du tableau, est l'effet d'une imagination qui ne sait pas se rendre maîtresse d'elle-même. C'est un défaut rare parmi nos poètes ; je suis plus tenté d'en féliciter M. Desquiron de St-Agnan que de l'en blâmer : heureux le poète qui pèche par cet excès. L'auteur de *Solyme conquise* doit à ce défaut plusieurs conceptions heureuses. Le personnage d'Éléazar, le héros des Hébreux , est peint avec énergie ; le caractère orgueilleux et tyrannique de ce chef des zélateurs est soutenu avec autant d'habileté que de vigueur. Inspiré par l'ange des ténèbres , Éléazar est l'oppresseur et le fléau de sa patrie dont il se prétend le vengeur ; chacune de ses actions précipite les Hébreux dans l'abîme. La création de ce personnage suffisait seule pour donner une haute idée du talent de M. Desquiron de St-Agnan : chaque fois que l'auteur met ce personnage en scène , il s'élève au ton de la plus haute poésie. Voici le passage où il peint le fier Hébreu courant à la vengeance contre les Romains et assiégeant le palais de l'efféminé Florus :

> .... Le fils de Catlhas que la vengeance anime,
> Pour chacun de ses pleurs demande une victime.
> Il porte sur des morts ses pas mal affermis ;
> Il voudrait à la fois frapper mille ennemis ;
> Il accuse Florus, il l'appelle, il l'outrage :
> Jusques à son palais il se fraie un passage ;
> Il y marche sur l'or, il y foule à ses pieds
> Les pompeux ornemens et les riches trépieds.
> Dans ces lieux où brillait la majesté de Rome,
> Le chef des zélateurs vainement cherche un homme ;
> Il n'aperçoit, *hélas!* que d'obscurs affranchis,
> Des esclaves tremblans dans la honte vieillis.

La tour Antonia venait d'ouvrir ses portes ;
Des Romains belliqueux les dernières cohortes
Contre les zélateurs défendaient Phazaël (1),
Et frappaient de stupeur le peuple d'Israël.
Éléazar parait frémissant de colère ;
Il jure de punir un orgueil téméraire ;
Il s'élance à travers une grêle de traits :
Il exhorte, il menace, il promet ses bienfaits
Au valeureux guerrier dont *l'imposante* audace,
De la brèche funeste aura fixé la place.
La mort vole en sifflant dans les airs étonnés.

Un des morceaux les plus remarquables du poëme est l'épisode des Samaritains, qui occupe une partie du quatrième chant. Ces sectateurs, après avoir demandé vainement la paix à Vespasien, sont résolus à périr dans les flammes. Un immense bûcher est élevé sur le mont Garizzim.

L'arrêt est prononcé,
Et déjà dans les feux Hogar s'est élancé.
Au milieu des douleurs par des accens sublimes,
Il déguise *son trouble* aux cœurs pusillanimes ;
Les vieillards éperdus, dociles à sa voix,
Sur le bûcher ardent *se portent* à la fois.
Leur exemple est suivi des mères éplorées ;
On les voit s'avancer pâles, décolorées ;
Leurs enfans au berceau frémissent dans leurs bras,
Et reculent d'horreur à l'aspect du trépas ;
Pour s'attacher encore aux liens de la vie,
Ils pressent de leurs mains la mamelle tarie.

Tout cet épisode est conçu avec vigueur ; il manque à l'exécution un style plus soutenu et plus exempt de négligences. En général le style de M. Desquiron de St-Agnan est plus remarquable par la précision et par l'énergie de l'expression, que par l'éclat des couleurs. Sa versification

---

(1) Tour bâtie par Hérode le Grand.

n'a pas toujours l'élégance et la pompe que le genre exige. Je n'userai pas, pour prouver ce que j'avance, de la méthode trop facile de rassembler quelques vers prosaïques pris çà et là dans un poëme de vingt chants. Ce *système d'isolement*, si souvent pratiqué à l'égard des écrivains politiques, est un procédé injuste, même quand il ne s'agit que de poésie.

L'auteur devait une place à l'enfer et une autre au séjour céleste. Le premier de ces tableaux obligés est fort étendu ; le poète conduit plusieurs fois le lecteur dans les demeures infernales , soit pour le faire assister au conseil des démons, soit pour le rendre témoin des tourmens des réprouvés. Peut-être aurait-il dû abréger ces lieux communs d'un merveilleux presque aussi usé que celui de la Mythologie païenne et beaucoup moins susceptible d'*ornemens égayés*. Il est assez difficile de parler de Satan et de son noir sénat sans copier Milton et sans rappeler les cornes qui décorent si ridiculement le front du prince des anges infernaux. Est-il donc impossible , dans un pareil sujet, d'éviter Lucifer, Belzebuth et Astaroth? La description des demeures célestes au seizième chant forme un tableau majestueux et vraiment digne de l'épopée. Le poète a mis à profit tout ce que l'écriture offre de peintures nobles , et son imagination les a embellies d'ornemens poétiques. C'est là que le Tout-Puissant prononce la fatale sentence qui condamne les Juifs à une éternelle dispersion. La place me manque pour parler avec détail du chant des jeux où se trouvent de belles descriptions des combats de gladiateurs et des autres spectacles favoris des Romains. Ce chant est amené naturellement. Vespasien, proclamé empereur par ses soldats, fait célébrer les fêtes quirinales.

L'auteur suppose que Titus, instruit dans la loi des chré-

tiens par Cléophas, apôtre du Mont-Carmel, reçoit le baptême. Cette fiction est peut-être téméraire ; mais du moins
elle donne lieu à une belle digression poétique. Cléophas
déroule aux yeux du héros romain l'histoire du peuple de
Moïse et les mystères de la révélation ; puis s'élançant dans
l'avenir, il retrace dans une longue prophétie les travaux
et les triomphes de l'église, le sort futur de Jérusalem op-
primée par les soldats de l'Alcoran, délivrée par les chrétiens, puis retombant sous le joug des infidèles. Il annonce
l'établissement de la puissance pontificale, les divisions de
l'église, les schismes et les hérésies. Cette partie du poëme,
qui occupe les chants dix-septième et dix-huitième, paraît
être écrite d'inspiration. Le lecteur en jugera par le passage
suivant, qui me semble, malgré quelques taches légères,
porter l'empreinte d'un véritable talent.

> Race de Lusignan, tu règnes sans obstacles
> Aux lieux où Jésus-Christ accomplit ses miracles ;
> Mais quoi ! toujours du sang ! le signal des combats
> Sous les murs de Sion appelle les soldats.....
> Le vicaire du Christ sous la pourpre romaine,
> De l'affreuse discorde éprouve encore la haine ;
> Implacables Luther, Mélanchton et Calvin,
> De la triple unité vous déchirez le sein,
> Vous versez le poison sur l'arche d'alliance :
> Enfans d'un dieu de paix, dédaignez la vengeance ;
> De vos saintes fureurs étouffez le flambeau,
> Voyez-vous sous vos yeux cet immense tombeau ;
> Ces glaives, ces poignards, cette torche sanglante,
> Et cet airain bruyant que d'une main tremblante
> Une femme cruelle agite au sein de l'air ?
> Ce signal de la mort à vos regards offert,
> Aux jours de l'avenir dans Lutèce étonnée,
> Retracera l'effroi d'une horrible journée.
> Hélas ! je vois régner le crime et la fureur !
> Qui fut persécuté devient persécuteur.

Les éloges que j'ai donnés à M. Desquiron de St-Agnan ont été mêlés de critiques nombreuses. Le talent qui brille dans plusieurs parties de son ouvrage met en lumière les parties faibles ; ce serait le trahir que de les lui cacher. Je crois que le poëme de *Solyme conquise* gagnerait beaucoup à être réduit en douze chants, et dégagé d'une foule d'accessoires qui nuisent au développement de la fable et à la marche de l'action. L'auteur aurait ensuite d'importantes corrections à faire à son style. Boileau lui crie d'une voix sévère :

> Vingt fois sur le métier remettez votre ouvrage ;
> Polissez-le sans cesse et le repolissez ;
> Ajoutez quelquefois *et souvent effacez* (1).

Tel qu'il est à présent, cet ouvrage obtiendra l'estime des connaisseurs : ceux même pour qui la poésie a peu de charmes trouveront dans la lecture de *Solyme conquise* un autre intérêt, celui qu'on trouve dans la lecture de l'histoire. M. Desquiron de S.ᵗ-Agnan a enrichi son poëme de notes savantes ; et l'on reconnaît partout l'homme studieux qui a long-temps réfléchi sur son sujet et qui s'est préparé à une si grande composition par de laborieuses recherches et des méditations profondes.

Extrait du Journal l'Aristarque, du 17 Janvier 1820. — *Solyme conquise*, ou *la Dispersion des Juifs*, poëme en vingt chants, par A. T. Desquiron de S.ᵗ-Agnan, de l'Académie d'Erfurt.

Depuis long-temps nous sommes rassasiés de poëmes, et le siècle entièrement dirigé vers l'étude des sciences politiques, devient de plus en plus prosaïque. L'ouvrage dont nous allons rendre compte est fait cependant pour fixer l'attention des amis des lettres.

Le sujet du poëme de M. Desquiron de S.ᵗ-Agnan est

______

(1) L'auteur a profité depuis de ces sages conseils.

le siége de Jérusalem par Titus, de cette Jérusalem tant de fois conquise, dont l'ombre imposante est en vénération chez les Juifs, les Chrétiens et les Musulmans, et où nous avons reconnu nous-mêmes l'empreinte ineffaçable de la grandeur, de la tristesse et de la désolation.

La marche de l'ouvrage est quelquefois inégale ; le style y manque quelquefois de correction. On sent que l'auteur a travaillé avec trop de précipitation ; mais les étincelles du génie y brillent souvent ; l'imagination y étale ses richesses. Laissons les rigoristes outrés fermer les yeux sur l'éclat des couleurs, et ne les ouvrir que sur les ombres du tableau ; les écarts du talent ne sont-ils pas préférables à la froide symétrie de la médiocrité ? Ne devons-nous pas pardonner de légers défauts en faveur de grandes beautés ?

Malgré l'infaillibilité des règles d'Aristote, défendues depuis *Castelvetro* jusqu'à *Lebossu*, par les pédagogues du Parnasse, qui pourrait lire aujourd'hui *la Franciade* de Ronsard, *le Charles-Martel* de Boissat, le *Charlemagne* du Laboureur, le *St.-Clovis* de Saint-Sorlin et de Saint-Didier, l'*Alaric* de Scudéry, le *Saint-Louis* du P. Lemoine, la *Pucelle* de Chapelain, le *Constantin* de Mambrun, et tant d'autres nouveaux poëmes prétendus épiques que chaque année voit éclore, et qui n'ont d'autre défaut que de ne pouvoir être lus ?

Lucain, Milton, et surtout le Dante, le plus grand génie poétique de l'Europe moderne, à mon gré, ont acquis une renommée immortelle, malgré les défauts qu'on leur reproche, et quoiqu'ils aient quitté les sentiers battus par Homère et Virgile.

Tâchons de tracer en peu de mots le sommaire de la fable du poëme de M. Desquiron de S.ᵗ-Agnan.

Les Juifs insultent à la divinité de Jésus. La colère de

l'Éternel s'annonce déjà par des signes terribles; Satan arme les enfers pour anéantir le christianisme naissant, et répand la discorde parmi les Hébreux. Éléazar, chef des zélateurs, chasse les Romains, commandés par Florus. Vespasien et son fils Titus vengent l'empire, s'emparent de Solyme, et l'Éternel, dont la parole n'a pas été écoutée, permet que cette ville, berceau de toutes les superstitions qui ont ravagé la terre, soit ravagée par tous les fléaux de l'enfer.

Ce plan est sage, trop sage, peut-être : il fallait plus d'actions pour remplir vingt chants.

Le siége de Jérusalem et l'épisode de Florus et d'Héga-sippe sont pleins d'intérêt ; le personnage d'Éléazar, qui ressemble au génie du mal, est brillant d'originalité et d'é-nergie ; il est tout entier de la création de l'auteur. Dans le tableau des souffrances des Juifs, en proie à la faim, à la contagion et à la guerre civile, M. Desquiron de S.ᵗ-Agnan a surpassé l'admirable récit de Flavius-Josephe.

Le chant de l'enfer, les huitième, dixième et dix-neu-vième chants, offrent particulièrement de grandes beautés.

Nous voudrions pouvoir citer en entier le chant des Jeux. La belle description des combats des gladiateurs est un mo-dèle de difficultés vaincues. Ce serait affaiblir l'intérêt que ce chant inspire que de le morceler pour en citer de sim-ples fragmens ; nous invitons les amateurs de la poésie à le lire en entier.

Je reprocherai maintenant à l'auteur d'avoir avancé que Mélanchton, Luther et Calvin ont excité, par leurs persé-cutions envers le clergé catholique, l'horrible journée de la Saint-Barthélemy. Je ne lui pardonne pas cette erreur, mal-gré le beau vers qui termine ce passage :

« Qui fut persécuté devient persécuteur »

Espérons qu'il saura sacrifier de beaux vers à de bonnes raisons.

Pour donner un échantillon du style du nouveau poëme, nous pourrions citer le premier morceau qui tombe sous notre main, s'il n'avait déjà fait l'objet d'une remarque flatteuse dans un article savamment rédigé par l'un de nos judicieux écrivains ; c'est Éléazar qui assiége le palais du chef des Romains. Ce nom d'Éléazar semble porter bonheur au poète ; il n'est jamais plus grand que lorsqu'il met en scène ce hardi personnage :

Nous croyons avoir mis nos lecteurs à même d'apprécier le mérite du poëme de *Solyme conquise*. Nous engageons cependant l'auteur à le réduire pour lui imprimer plus de mouvement. Mais ce n'est pas assez pour M. Desquiron de S.ᵗ-Agnan d'avoir enrichi notre littérature d'un poëme aussi distingué ; nous lui devons plusieurs livres de jurisprudence du plus grand intérêt, tels que l'*Esprit des Institutes de Justinien*, le *Nouveau Furgole*, ou *Traité des Testamens* ; le *Traité de la preuve par témoins* ; celui *du Domicile et de l'absence*, et celui *de la Minorité, de la Tutelle et de l'Émancipation*. On lui attribue enfin une histoire inédite des *Révolutions de la France*, depuis 1787 jusqu'à nos jours. Tous ces ouvrages sont écrits d'un style ferme, nerveux et grave : les discussions les plus arides et les plus épineuses y sont rendues intéressantes par les charmes du style : ils sont utiles à toutes les classes de la société. Cet ancien magistrat, cet infatigable écrivain, qui a consacré de bonne heure ses veilles à l'instruction de ses semblables, qui, dit-on, a long-temps souffert pour la cause de la liberté (quel est, en effet, le véritable homme de lettres qui ne chérit pas la première des Muses), doit fixer l'attention de ses concitoyens, au moment où il est de notre devoir de compter et de désigner à la France les hommes qui n'ont cessé de propager les principes du plus pur libéralisme.

On nous a assuré qu'au moment où la France était envahie, grâces à la trahison de quelques indignes Français, qu'au moment où nos insolens ennemis souillaient la capitale de leur présence ; que, lorsque au mépris des traités, ils enlevaient les chefs-d'œuvre des arts, l'auteur de *Solyme conquise* fit entendre une voix généreuse en faveur de la patrie, en exprimant la juste indignation du peuple romain, réduit à négocier avec des barbares ; son âme, flétrie par la douleur, sembla se retremper à la vue des malheurs de la France. Sa tragédie de *Camille* parut à l'instant où nos ennemis évacuèrent nos frontières. L'auteur ne chercha point à se faire des protecteurs, ni des comédiens du théâtre, ni des comédiens du ministère, ni des comédiens de la chambre du roi.

L'établissement du second Théâtre-Français donne l'espoir aux auteurs qui ont traité ce beau sujet, de voir enfin représenter leurs pièces, que les intrigues du comité du premier Théâtre-Français ont injustement repoussées.

Le meilleur moyen de faire connaître un poète est de citer ses vers. Je ne puis résister à la tentation de citer un fragment de la IV.ᵉ scène du V.ᵉ acte de la tragédie de *Camille :*

BRENNUS.

Ouï, j'accepte la guerre ; elle sera terrible.
A la pitié mon cœur devient inaccessible,
Et pour perpétuer et ma haine et tes vœux,
Je déclare la guerre à vos derniers neveux

CAMILLE.

Aux armes! Trop long-temps régna la tyrannie!
Peuple, écoutez ma voix : Aux armes! La patrie
Réclame les efforts de vos bras généreux.
Il luit enfin le jour qu'ont appelé vos vœux.
Étouffez vos soupirs, apaisez vos murmures;
Du sang, il faut du sang pour venger nos injures.
. . . .
En glaives meurtriers, Romains, changez vos chaînes.
Les tyrans sont armés pour détruire vos droits;
Peuple de souverains, marchons contre les rois.
Vous, dont le sort trahit la valeur et la gloire,
Vous, dont le noble orgueil effraya vos bourreaux ,
. . . . Sortez de vos tombeaux,
Sortez, braves guerriers, sortez; à la patrie
Montrez le fer cruel qui vous ôta la vie;
Découvrez à ses yeux vos corps ensanglantés;
Le sang doit apaiser vos mânes irrités.
Marchons!. . . . . . .

De tels vers n'ont pas besoin d'éloges. On annonce déjà
un nouveau poëme de M. Desquiron de S.ᵗ-Agnan , intitulé les *Cent Jours*. Le sujet et le nom de l'auteur font espérer qu'il surpassera *Solyme* sans la faire oublier.

D. R.

Revue encyclopédique 1820 , *Janvier. Livres français,*
N.º 68. — 5.ᵉ *Volume.* 13.ᵉ *Livraison.*

Tandis que la curiosité publique était attirée vers la fidèle représentation de la Jérusalem actuelle , dans son état
d'abaissement et de dégradation , par les prestiges de la
peinture et d'un procédé moderne (panorama de Jérusalem), un littérateur distingué consacrait ses veilles et ses
études à célébrer , en poésie , la chute de la Jérusalem an-

tique, la seconde et la dernière dispersion du peuple juif. Les rives du Jourdain ont toujours été propices au génie de la poésie et des arts ; c'est là que le Tasse, Milton, Racine, Klopstock, M. de Châteaubriand, ont trouvé la source de leurs inspirations les plus sublimes. Une seule des grandes époques, dans les Annales juives et chrétiennes, restait à traiter en poésie : la prise de Jérusalem par Titus, l'accomplissement des prophéties antiques, la dernière chute du temple et la dispersion encore subsistante d'Israël. Cette tâche difficile, M. Desquiron de S.ᵗ-Agnan l'a entreprise ; il y a consacré de longues années, d'austères travaux, de longs sacrifices. Le sujet présentait de grandes difficultés : à l'époque choisie par l'auteur, les mœurs et le caractère des Juifs disparaissaient peu à peu au milieu des déchiremens intérieurs, et l'éclat des richesses poétiques disparaît aussi toujours entre les mains du poète avec la nationalité de son sujet ; d'un autre côté, dans un poëme dont le dénoûment, l'esprit et le merveilleux sont dans le sens du christianisme, l'intérêt religieux devait être opposé aux Juifs, représentés comme subissant un châtiment terrible et prédit ; et cependant, ils défendent, dans les récits de M. Desquiron de S.ᵗ-Agnan, l'indépendance et la liberté de leur patrie contre les légions conquérantes d'un peuple oppresseur ; l'intérêt politique est donc en leur faveur et en contradiction avec l'intérêt religieux. Peut-être même, la position particulière de M. Desquiron de S.ᵗ-Agnan a-t-elle encore affaibli davantage ce dernier intérêt. A l'époque heureuse où nous sommes, la justice et l'humanité sollicitent et obtiennent tous les jours la destruction de ces chaînes odieuses d'esclavage, dont la haine des peuples chargea jadis le peuple d'Israël ; et cependant, tous les jours encore, le fanatisme et l'ignorance opposent quelques efforts à ces réclamations généreuses. M. Desquiron de St-Agnan a plaidé lui-même cette noble cause, si bien défendue en France, à l'aurore de notre régénération politique, par Malesherbes, Mirabeau, Lafayette, Grégoire, etc.; plus récemment, par M. Bail, et dans le recueil même où j'écris en ce moment, par son ingénieux et infatigable directeur. M. Desquiron de St-Agnan aurait craint de démentir, même dans le langage des fictions et dans le récit des faits antiques, les principes qu'il a professés comme publiciste; en sorte que j'ose dire que le philosophe, dans son ouvrage, nuit quelquefois au poète. Le plan du poëme est sage, simple et naturel; les caractères sont heureusement tracés; l'invention du merveilleux ne mérite en grande partie que des éloges; le choix des matériaux est fait avec l'érudition la plus profonde, avec le discernement le plus rare; la versification est élégante, harmonieuse, souvent pleine de goût et d'onction; si en reconnaissant le versificateur on cherche quelquefois le poète, si l'imagination et surtout la sensibilité ne se trouvent pas toujours au même degré que l'instruction et l'intelligence, il faut remarquer qu'il est difficile de conserver toujours la chaleur et le type de l'invention, en traitant un sujet qui, dans ses parties considérées isolément, a fourni tant d'inspirations heureuses aux génies les plus féconds et les plus originaux.

Dans le vingtième et dernier chant, l'auteur s'est élevé à une grande hauteur; les derniers efforts d'un peuple expirant, un culte antique et solennel prêt à disparaître, le carnage et l'incendie qui ont accompagné la destruction de la cité sainte, ces grandes et terribles scènes sont dépeintes par M. Desquiron de St-Agnan avec une énergie et une fidélité remarquables. Les notes présentent de l'intérêt et ont dû coûter beaucoup de recherches; quelques-unes renferment des erreurs que je reprocherai à ceux qui ont fourni à l'auteur des renseignemens inexacts. Il croira sans peine à l'assurance que je lui donne , que les faits qu'il avance dans une de ses notes relativement à une certaine pratique qu'on suppose exécutée par la main des médecins juifs dans les familles qui professent secrètement en Espagne le judaïsme, à l'égard de ceux de leurs enfans qui, parvenus à l'âge de treize ans , refusant de se soumettre à la loi de Moïse, sont entièrement controuvés. L'auteur a peu à se louer aussi des soins qu'on a donnés à l'exécution typographique de quelques phrases en caractères hébreux répandues dans ses notes; mais ces taches si légères déparent très-peu un ouvrage aussi important et aussi estimable.

M_{ICHEL} **BEER**.

Extrait des Lettres Normandes , par Léon Thiessé, *tome neuvième , 3.e livraison, page* 113. — Il y a déjà long-temps que nous nous proposions de rendre compte du nouveau poëme de M. Desquiron de St-Agnan. L'abondance des matières politiques nous en a jusqu'ici détournés , et telle est l'étendue qu'elles réclament , que nous ne pouvons, à notre grand regret , consacrer que quelques lignes à un poëme qui, par son caractère et le talent d'exécution de l'auteur , mérite de fixer l'attention des gens de goût et des amis de la saine littérature. Le sujet de *Solyme conquise* est sans doute éloigné de nos idées , et a le défaut de n'avoir rien de national pour les Français qui , aujourd'hui prennent fort peu d'intérêt à ce qui regarde la sainte manie des croisades ; mais à part ce défaut qui, au reste , n'est pas très-grand , le poëme de *Solyme conquise* est en lui-même un ouvrage distingué par l'art de la contexture , le choix des épisodes , les caractères et le style. Cette dernière partie est surtout fort soignée. Nous recommandons *Solyme conquise* aux hommes que la politique n'a point encore dégoûtés de cette belle littérature qui a aussi ses charmes et son utilité.

Extrait des Lettres Champenoises, onzième lettre, N.° 11, 1820. — Après mes observations générales sur le sujet du poëme de M. Desquiron de S.ᵗ-Agnan, vous attendez sans doute que je vous fasse connaître le plan de ce poëme, et qu'en vous montrant la conduite de l'action, je vous fasse d'avance pressentir les ressources qu'il offrait à une imagination poétique et brillante ; je le ferai en peu de mots, parce que je veux vous laisser à vous-même le plaisir de parcourir toute la suite d'un récit qui doit nécessairement perdre de son intérêt lorsqu'il est dépouillé du charme des vers, de la variété des détails, et des inventions épisodiques.

Au moment où s'ouvre la scène, Solyme est sous la puissance des Romains. Florus, général énervé par les plaisirs, commande dans la ville, et Éléazar, chef des zélateurs, plus avide d'opprimer lui-même ses compatriotes que de les délivrer d'un joug étranger, profite du désordre qui règne dans l'armée romaine et dans le palais de Florus, pour livrer au carnage les soldats de l'empire. Florus échappe à la faveur des ténèbres, et court cacher sa honte au milieu des déserts, emportant avec lui le souvenir d'Hégasippe qu'il adore. Hégasippe, fille d'Agrippa, est avec son père dans l'armée qui vient venger les armes romaines. Dans cette armée se montre aussi le vaillant Gallus, autre amant d'Hégasippe, mais plus heureux que Florus, et maître du cœur de son amante.

Un premier combat est livré. Du côté des Juifs se dis-

tingue une jeune guerrière nommée *Gédalide*, fille d'Elisaph ; cette vaillante amazone accourt pour venger son
père, blessé par Pollion, frère de Gallus. Pollion, ébloui
de l'aspect de sa beauté, cède à l'héroïne, et ne songe plus
qu'à secourir le vieillard qu'il a frappé ; il quitte le lieu du
combat, et disparaît sur le même char qui porte Gédalide
et son père.

Dans l'armée romaine, Hégasippe pleure la mort de son
père Agrippa, et Gallus partage ses larmes et sa douleur.
Vespasien s'avance pour réparer ces malheurs, et comme
il s'approche de Solyme, un Hébreu, savant dans l'art
d'annoncer l'avenir, vient lui apprendre que Galba ne règne
plus, et que c'est à lui seul que Dieu réserve l'empire, dont
il fera les délices avec son fils Titus. Pour prix de sa pré-
diction, l'Hébreu demande grâce pour les habitans de Solyme ; mais Vespasien, en leur laissant la vie, doit les charger de fers ; et c'est alors qu'un immense bûcher s'allume
au milieu de la ville, et qu'une foule d'habitans viennent y
ensevelir leurs richesses et s'y précipiter eux-mêmes.

Cependant Florus erre dans les déserts, emportant avec
lui la honte de sa défaite ; et au moment où il veut se donner la mort, Satan paraît à ses yeux et lui promet de lui
livrer Hégasippe pour consoler ses douleurs. Florus s'engage à Satan, qui le conduit au sein des enfers, lui découvre les abîmes où il règne, et lui fait connaître les principaux sujets de son empire.

Vespasien célèbre dans son camp son avènement au trône
par des jeux brillans, et part ensuite pour l'Italie, laissant
à Titus le soin de son armée et de sa gloire. Florus, toujours poursuivi de désirs et tourmenté par sa passion, continue à s'abandonner à la puissance de Satan, qui vint enfin le rendre possesseur d'Hégasippe, et arracher ses char-

mes à l'heureux Gallus. Il transporte Florus dans un lieu enchanté où tout respire l'amour et le bonheur, et c'est là qu'il jette aussi la tremblante Hégasippe, après l'avoir enlevée à la terre au moment où elle allait rendre à son père Agrippa les derniers devoirs de sa piété. Le poète interrompt ici l'épisode pour reprendre l'action principale.

Tout est prêt pour des combats nouveaux, et lorsque les guerriers n'attendent que le signal, Pollion, toujours rempli de son amour pour Gédalide, s'échappe du camp romain, et sous la conduite d'un Juif perfide, il pénètre dans Solyme et paraît bientôt auprès de l'amazone et de son père Élisaph. Le traître qui l'a conduit dans les murs de Jérusalem court prévenir Éléazar qu'un ennemi redoutable est en son pouvoir ; celui-ci accourt à la tête de ses soldats dans le palais d'Élisaph, et malgré la résistance de l'héroïne il s'empare de Pollion et le plonge dans les cachots.

Gallus a appris l'enlèvement de sa chère Hégasippe ; il accuse Florus de ce crime, et veut aller chercher le traître jusqu'au fond des déserts où il ensevelit sa honte. Mais Satan égare le héros au milieu des rochers, des montagnes, et là il le transforme en lion furieux ; un esclave, qui marchait de loin sur les traces de Gallus, a vu son coursier et ses armes, et ne doutant pas que son maître n'ait été dévoré par le lion qu'il aperçoit non loin de là, il court en porter la nouvelle au camp. Titus pleure à la fois la perte de Pollion et de Gallus, tous deux fils d'un même héros, tous deux l'espoir de Rome et de l'empire. Il se prépare à les venger, en pressant le siége de Solyme. De leur côté, Élisaph et sa fille Gédalide s'emparent dans la ville de la tour Antonine, où gémit Pollion, et le héros est délivré de la main même de son amante. Éléazar, furieux, livre un assaut à cette tour ; mais bientôt il est lui-même forcé de soutenir celui que les Romains livrent à la ville. Pollion voit cet assaut du haut de la tour Antonine, et gémit de n'y pas prendre part. Il dit à Gédalide les noms des combattans romains ; mais il s'étonne de ne pas reconnaître son frère Gallus au milieu des rangs. Le combat cesse lorsque Titus allait vaincre : c'est Satan lui-même qui déchaîne une horrible tempête ; et les vainqueurs, effrayés, sont obligés de rentrer dans leur camp.

Après que Titus a rendu les derniers devoirs aux morts, il ne songe plus qu'à délivrer Pollion ; toutefois le guerrier ne peut s'arracher aux lieux habités par Gédalide, et il renonce à la gloire pour jouir de son bonheur. Les combats recommencent ; et Satan, du haut des airs, souffle sa rage aux défenseurs de Solyme. Mais le temps est venu où les oracles divins vont être accomplis : l'Éternel a parlé, et un rayon de la vérité céleste est allé éclairer l'âme de Titus pendant son sommeil. Le héros consulte un prêtre chrétien qui lui explique les mystères saints de la religion, lui découvre l'avenir, lui fait connaître le sort véritable de Gallus et sa délivrance prochaine, et épanche enfin sur son front les eaux du baptême.

Ici le poète nous ramène aux deux amans qu'il a laissés dans les lieux enchantés où Satan les avait jetés Florus frémit de voir qu'Hégasippe résiste à sa passion. Après mille combats, elle n'est vaincue que par de nouveaux enchantemens de l'enfer ; mais elle ne peut supporter la pensée de son déshonneur : elle se perce le sein ; et Florus, à son réveil, aperçoit son corps déchiré et sans vie. Le dénoûment se prépare : Satan, à la voix de Dieu, va rentrer dans le gouffre, et Florus, abandonné, est précipité au travers des airs ; il tombe sur le mont Aranos, emportant dans ses bras sa conquête. De nouveaux supplices l'atten-

dent : un énorme lion, errant sur la montagne, veut ra-
nimer avec la chaleur de sa langue les restes d'Hégasippe ;
mais voyant ses efforts inutiles, il se précipite furieux sur
Florus, et déchire son corps en mille lambeaux. Alors le
vieux prêtre chrétien qu'avait consulté Titus, apparaît sou-
dainement, et touche le lion d'une baguette mystérieuse ;
ce lion, c'était Gallus, qui est ainsi rendu à l'armée. Les
combats recommencent, et Solyme est conquise.

Voilà, Madame, le fond d'une action qui a fourni à
M. Desquiron de S.ᵗ-Agnan un poëme en vingt chants, et
de plus de seize mille vers. Ce ne serait donc pas juger cette
production que de l'apprécier d'après la courte analyse que
j'en ai faite, car les détails font presque toujours le principal
mérite d'une épopée. Cependant l'action elle-même doit être
jugée, et vous trouverez à la lecture du simple récit que
j'en ai fait, comme à la lecture du poëme entier, qu'on
peut reprocher au poète de n'avoir pas été assez fidèle à la
première règle du poëme épique, à la règle d'unité. Les
premiers chants, en effet, sont consacrés au récit de la délivrance de Solyme par le fier Éléazar, lorsque le sujet du
poëme entier est la prise de Solyme par les Romains. Il
était nécessaire que le poète imitât une fiction commune à
d'autres épopées, et qu'il fît raconter la première action
par un principal personnage, à l'imitation du récit d'Énée
ou d'Henri IV. Ce moyen peut paraître usé aux faiseurs de
poëmes épiques ; ils n'ont alors qu'à inventer des fictions
nouvelles pour nous montrer qu'ils sont soumis aux règles
d'Aristote, sans lesquelles il est convenu qu'on ne saurait
avoir du génie.

Une seconde remarque que vous ferez, Madame, c'est
que les nombreux épisodes qui ornent le récit de l'action
principale sont trop souvent interrompus. Il en résulte quel-

quefois une sorte de désordre dans le récit, qui force le lecteur à une attention qu'on n'accorde pas volontiers à la lecture d'un poëme où l'on ne veut trouver que du plaisir. Enfin, les caractères des principaux personnages ne paraissent pas assez fortement dessinés. Aucun d'eux ne s'élève au-dessus de la foule, *de toute sa tête*, comme parlent souvent Homère et Virgile. Dans le grand nombre des héros que le poète fait paraître sur la scène, on ne voit pas assez quel est celui sur lequel il veut fixer l'attention et l'intérêt. Vespasien paraît un instant dans l'armée, mais c'est pour la quitter bientôt et pour aller prendre le sceptre du monde. On pourrait même demander à ce sujet s'il était convenable de montrer au milieu de l'action un personnage qui n'y doit pas prendre part; c'est une nouveauté qui ne me paraît pas conforme à cette unité parfaite dont on fait une loi à l'épopée, et qui doit principalement distinguer ses récits de ceux de l'histoire. Le caractère de Titus ressort faiblement au milieu des guerriers qui l'environnent. On voit que le poète voudrait faire de Gallus un de ces héros qui fixent tous les regards ; mais il ne paraît pas avoir très-heureusement imité l'art des anciens, qui, pour grandir leurs héros, ne les font paraître que dans les grandes circonstances, lorsque toutes les ressources sont épuisées, lorsque tous les efforts ont été vainement employés, lorsque tous les autres héros ont été vaincus.

Il y aurait bien encore d'autres critiques générales à faire ; mais je me hâte d'arriver à la louange : et puisque nous en sommes au caractère des personnages, je remarquerai d'abord que celui du fier Éléazar est peint avec des couleurs poétiques qui le font vivement ressortir du milieu du tableau. C'est une heureuse idée qu'a eue le poète de donner à ce chef d'une secte impie une ambition coupable, afin de diminuer l'intérêt qui pourrait se porter sur le défenseur d'une ville malheureuse. Les anciens ne connaissaient pas au même degré que nous cet art de ménager l'intérêt d'une action, et voilà pourquoi on s'étonne, en lisant l'*Iliade*, de prendre bien plus de part aux exploits des infortunés Troyens qu'à ceux des Grecs eux-mêmes, qui sont pourtant les héros que chante le poète. C'est cet art de jeter de l'intérêt dans le récit, qui est la première qualité de M. Desquiron de S.ᵗ-Agnan. Les épisodes, qui d'ordinaire semblent être des actions particulières à peine attachées à l'action principale, ne sont, dans le poëme de *Solyme conquise*, qu'une partie essentielle de l'action principale elle-même. Vous remarquerez, Madame, celui de Gallus changé en lion, et le dénoûment surtout fera sur vous une impression dont vous chercherez vainement à vous défendre, par la pensée qu'il peut y avoir quelque invraisemblance dans cette invention. Au reste, il faut pardonner un peu à l'imagination ardente et impétueuse du poète ; elle se retrouve partout, dans le fond des inventions et dans la variété des détails, quelquefois portée à un degré répréhensible, quelquefois heureusement modérée par la sage imitation des anciens. Peut-être serez-vous choquée de voir Satan jouer un rôle dans ce poëme. Sans m'occuper de ce qu'on peut trouver en général de bizarre dans l'emploi d'un tel personnage, je remarque seulement qu'il se trouve naturellement placé dans un sujet où il s'agit d'un grand et imposant triomphe de la religion chrétienne. Une pareille invention a sans doute peu de mérite : le mérite consiste à donner à Satan un langage convenable, et à le faire agir sans trop heurter la vraisemblance.

Le poète fait tenir beaucoup de discours aux démons ; mais il a eu l'art de prêter à ces divers orateurs un langage tout à fait nouveau , et de leur faire raconter l'histoire de l'antiquité , en leur attribuant la plupart des actions auxquelles nous accordons une admiration trop facile. Cette invention n'est pas sans effet , et elle donne à l'aspect de l'enfer quelque chose qui rappelle celui du Dante , sans qu'on voie les traces d'une imitation servile.

Enfin, Madame, pour borner une lettre qui est déjà bien longue , je me contente d'appeler votre attention sur les chants où le poète fait la description des jeux de Vespasien , et ceux où il décrit l'enchantement des lieux où Satan livre Hégasippe à Florus , et les moyens divers qui sont employés pour toucher le cœur de cette amante fidèle à ses premières amours. J'ai admiré , dans ces diverses descriptions , une image riche et féconde ; mais j'ai regretté de voir le poète s'abandonner trop facilement à ses inventions , et charger ses récits de descriptions trop longues , qui arrêtent souvent la marche du récit. Avec ce défaut , le style doit souvent être faible et sans couleur ; et telle est, en effet, la remarque que vous aurez occasion de faire quelquefois. Vous remarquerez aussi que le poète a généralement plus de talent pour peindre les objets grâcieux que pour tracer les magnifiques tableaux qui plaisent à la muse de l'épopée.

Je ne manquerais pas d'exemples pour justifier et mes éloges et mes critiques ; mais, Madame, puisque vous voulez lire le poëme en entier , je vous l'envoie , et je m'en rapporte , à cet égard , à la sûreté de votre goût, qui n'a certainement pas besoin d'être averti.

On a souvent, en France, proféré ces mots : *Enfin, nous avons un poëme épique!* on les profère encore à l'apparition de chaque poëme nouveau. Je ne porterai pas cette solennelle sentence ; je ferai seulement remarquer que le poëme de M. Desquiron de St-Agnan a cela de commun avec d'autres poëmes devenus fameux : c'est qu'avec un mérite incontestable il passe au milieu d'un siècle qui s'en aperçoit à peine, et qui semble n'avoir d'admiration que pour des productions frivoles et pour des noms que le siècle suivant répétera avec pitié, si toutefois il les répète.

L.

Extrait de la Quotidienne, du 5 Décembre 1820. — Nous avons souvent regretté de voir nos colonnes tellement remplies par les graves discussions de la politique, qu'il n'était pas possible de nous occuper un moment des productions littéraires qui de temps en temps consolent les muses françaises. En des temps moins féconds en événemens, nous aurions appelé l'attention du public sur un poëme qui a paru depuis long-temps, et qui, malgré des taches et une versification quelquefois négligée, présente une conception vraiment épique et des détails d'un haut intérêt. Ce poëme est intitulé : *Solyme conquise*. On dit que l'auteur, M. Desquiron de S.ᵗ-Agnan, connu, en 1814, par son zèle pour la royauté, n'est plus aujourd'hui compris dans la liste des écrivains royalistes. Il lui manque peu de chose pour mériter d'y être inscrit de nouveau. Son poëme exprime de beaux sentimens; on a le plaisir d'y voir souvent la religion peinte sous ses vraies couleurs, et d'un autre côté on n'y rencontre point de ces déclamations obligées dans les écrits d'un poète libéral ; d'après cela nous aimerions à croire que c'est par supercherie que M. Desquiron de S.ᵗ-Agnan a été porté sur les listes du libéralisme. Quoi qu'il en soit, son poëme mérite d'être lu, et nous le recommandons à ceux qui tiennent encore à l'honneur des beaux-arts et de la douce poésie.

Ce fut aussi pendant le cours de ses voyages que M

Desquiron de S.ᵗ-Agnan fut chargé par un personnage auguste qui descendait du trône, et qui n'en conservait pas moins la dignité, d'une mission particulière auprès de S. A. S., alors Mgr. le duc d'Orléans, aujourd'hui S. M. le roi Philippe, mission qu'il remplit avec le zèle et la convenance que sa nature comportait.

On en trouvera la preuve dans la note officielle émanée du cabinet de S. A. S. Mgr. le duc d'Orléans, que nous allons recueillir textuellement :

M. le duc d'Orléans a reçu le billet que M. le chevalier Desquiron de S.ᵗ-Agnan a pris la peine de lui adresser. Il est très-sensible aux attentions que Mgr. le duc Holstein-Eutin veut bien avoir pour sa famille, et très-reconnaissant du souvenir que Son Altesse Royale a conservé de lui et de la courte apparition qu'il fit en Suède, il y a déjà bien long-temps. M. le duc d'Orléans, de son côté, a toujours présentes au souvenir les bontés dont il y fut comblé, et prie M. le chevalier Desquiron de S.ᵗ-Agnan d'être auprès de Son Altesse Royale l'interprète de tous ses sentimens, et d'agréer personnellement ses remercímens pour la communication qu'il lui a faite avec beaucoup d'obligeance.

Palais-Royal, 2 Mars 1815.

M. le chevalier Desquiron de St.-Agnan.

Au poëme de Solyme conquise, succéda une tragédie patriotique, intitulée *Camille*, ouvrage composé et publié dans l'un de ces momens où le courage civil prend la place du courage militaire.

On en trouvera l'analyse dans le *Mercure Belge*, tome 2.ᵉ, 11.ᵉ livraison. Il fut interdit à tous les journaux français d'en rendre compte.

Camille, tragédie en cinq actes en vers, par M. Desquiron de S.ᵗ-Agnan, *avec cette épigraphe :* Frappe,
maîs écoute.

Je ne pus me défendre d'un mouvement d'impatience et
d'humeur en recevant, pour en rendre compte, la tragédie
de Camille; et sans que son auteur me fût connu en bien
ou en mal, je cédai à la première impression d'un dégoût
bien pardonnable sans doute, après les médiocres essais que
nos écrivains ont produits, en voulant lutter avec Corneille,
Racine et Voltaire dans la peinture d'un peuple aussi grand
et aussi extraordinaire que le peuple romain. Quoi, parmi
les événemens des siècles plus rapprochés, il n'en est donc
point, me disais-je, qui soit digne de Melpomène; et de
cette foule de héros qu'ils ont tour à tour vu paraître, il
n'en est donc point qui puisse chausser le cothurne et parler la langue des dieux? Faudra-t-il, pour nous attendrir
et nous arracher des larmes, exhumer sans cesse ces fiers
républicains, dont les mœurs forment avec les nôtres la
plus étrange disparate? Rome et la Grèce ont-elles seules
le privilége d'intéresser, aux catastrophes de leurs annales,
des spectateurs placés à deux mille ans d'intervalle? La famille d'Agamemnon a presque enfanté autant de tragédies
que de crimes; et les dissensions du peuple-roi ont déjà
causé plus de troubles dans nos âmes qu'elles n'en occasion-
nèrent jamais dans l'enceinte de la ville de Quirinus. Je
conviens qu'exécutés par un peintre habile, ces tableaux
d'une nation séparée de nous par tant de siècles et de changemens, et pour ainsi dire effacée du globe, acquièrent un
air de grandeur qui attache; et que la perspective, en dis-
simulant les vices de quelques traits, donne plus de relief
aux beautés et de mérite à l'ensemble. Mais est-ce une

raison pour préférer toujours les enfans du Tibre et de l'Eurotas aux générations modernes? Les éclairs de civilisation qui brillèrent au moyen âge, y font découvrir des hommes et des actions non moins dignes de notre admiration et de nos regards que Romulus et les Atrides. Le dégoût qu'on leur témoigne tient peut-être à la difficulté qu'on éprouve à distinguer leur physionomie à travers la barbarie qui les entoure. On lit sans peine dans l'âme des Romains par le secours de Tacite et de Tite-Live. On doit compulser vingt auteurs différens pour acquérir des notions exactes sur les personnages célèbres du temps dont nous parlons. D'ailleurs, les plus belles époques de gloire de l'antique Italie et de cette Grèce pleine de merveilles, nous sont indiquées presqu'au sortir du berceau. On les place au milieu des hochets de notre enfance, et nous ignorons encore et les passions et les dangers, que déjà pour occuper notre esprit, on déroule devant nous les annales sanglantes du consulat et des triumvirs. Faut-il s'étonner de voir les écrivains dramatiques s'attacher plutôt aux Romains et aux Grecs qu'aux peuples des temps modernes?

Ces motifs ont vaincu ma répugnance. J'ai lu l'ouvrage de M. Desquiron de S.t-Agnan; et après cette lecture, je me suis intérieurement reproché les conjectures auxquelles je m'étais d'abord arrêté. Si elles avaient séduit et entraîné dans mon parti quelques-uns de mes lecteurs, l'analyse que je vais leur présenter de la tragédie de Camille, leur persuaderait bientôt qu'il est encore d'heureux sujets à puiser dans cette histoire romaine qui me semblait devoir être désormais proscrite de notre scène. Un style plus soigné et mieux nourri de l'étude des classiques aurait assigné à Camille une place très-honorable parmi les productions de ce genre publiées depuis vingt ans. Voici comment l'auteur a

arrangé, pour le théâtre, le trait connu du dictateur Camille, arrivant à Rome au moment où Brennus, chef des
Gaulois, imposait en vainqueur un humiliant tribut :

Au lever de la toile, le sénat, retiré dans une forteresse
qui domine le temple de Jupiter Stator, délibère sur les
moyens d'arracher Rome à la servitude qui la menace. Cornélius, prince du sénat, propose de s'en remettre à la magnanimité du vainqueur, en adoptant ses conditions, ou
bien de s'ensevelir sous les débris fumans du Capitole. Le
tribun Fabius, qui croit avoir irrité les Gaulois, lorsqu'on
le députa vers eux comme ambassadeur, s'offre pour victime, et sollicite l'honneur d'être envoyé à Brennus avec
Othorix, neveu de ce roi, que les Romains ont fait pri-
sonnier dans une sortie. Cet avis est combattu par un sénateur qui parle d'immoler Othorix, afin d'effrayer les ennemis. Le consul Sulpicius relevait cette proposition avec
la gravité d'un homme que révolte l'idée de hâter son salut par un crime, lorsque Manlius paraît, et débute par
accabler d'invectives le sénat qu'il accuse de tous les maux
qui pèsent sur le peuple :

« Le peuple vous nomma pères de la patrie ;
» Il vit en vous l'objet de son idolâtrie ;
» Il vous combla de biens, de respects et d'honneurs :
» Et loin de mettre un terme à ces justes douleurs,
» Vous accablez de fers cette main bienfaisante
» Qui vous a décorés de la pourpre éclatante.
» Pour sauver les Romains dans ce moment d'effroi,
» Il n'existe qu'un homme, et cet homme, c'est moi ».

Ce n'est pas tout : Manlius, sur l'observation de Cornélius, qu'un semblable discours excite le mécontentement
du sénat, poursuit avec plus de hardiesse encore :

« Le peuple n'est pour vous qu'un servile instrument,
» De votre avidité son or est l'aliment

» L'art de nous diviser est votre unique étude ,
» Et vous fondez vos droits sur notre servitude »

On est un peu surpris d'entendre après ces vers le sénat romain accabler Manlius *du poids de sa reconnaissance*, et lui annoncer, par l'organe de son président (1), qu'il n'a qu'à briguer le consulat, pour être certain que *les plus justes suffrages* l'appelleront aussitôt *dans le conseil des sages*. L'auteur a cru, sans doute, un pareil acte de clémence nécessaire, afin de rendre odieux les projets de Manlius. Les sénateurs se retirent, en annonçant qu'une trêve va être proposée à Brennus. Manlius, demeuré seul avec son confident, laisse entrevoir son intention de régner sur Rome, et d'affaiblir l'autorité que le sénat tient entre ses mains. Il se rend près d'Othorix, pour se concerter sur le plan qu'il doit suivre.

Tel est le premier acte, où l'auteur, en posant les fondemens de sa fable dramatique, a trop négligé de parler du héros de la pièce, qu'on dit bien avoir été exilé par le peuple, mais dont il aurait été bon de faire présager l'arrivée prochaine. Cette précaution eût empêché les spectateurs de croire que Manlius et son complot forment le nœud de l'ouvrage.

Au second acte, Othorix a reçu la confidence de Manlius, et se dispose à le seconder. Il trouve seulement extraordinaire que ce héros, après avoir, avec tant de chaleur, servi les Romains contre les Gaulois, ne dédaigne pas de recourir à ceux-ci pour appuyer ses prétentions. Manlius répond que l'ingratitude du sénat l'a contraint de changer de sentiment :

---

(1) Il y aurait de la pédanterie à faire observer au lecteur que *président* est ici la traduction de *princeps senatûs.*

« En ouvrant l'œil au jour, j'aimai la liberté;
» D'un fier républicain j'eus la sévérité ;
» Simple dans mes discours, simple dans ma parure;
» Des folles passions j'étouffai le murmure ;
» La gloire, unique objet de mes vastes désirs,
» M'apprit à dédaigner de frivoles plaisirs;
» Mon sang coula cent fois pour servir la patrie,
» A venger ses affronts je consacrai ma vie :
» Quel prix m'ont obtenu ces généreux efforts?
» Un perfide sénat, couché sur ses trésors,
» A-t-il d'un seul regard payé mes sacrifices?
» Son insolent orgueil compta-t-il mes services?
» On l'a vu prodiguer à mes lâches rivaux,
» Des titres fastueux et le nom de héros.
» Seul, triste, inaperçu, jouet de la fortune,
» J'ai traîné dans les camps une vie importune.
» Lassé par des ingrats, j'ennoblis mes destins;
» Je conçus le projet d'enchaîner les Romains.
» Je hais la tyrannie, ainsi que mes ancêtres,
» Et je me fais tyran pour n'avoir point de maîtres ».

Ces vers sont beaux ; ce langage est plein d'audace et d'énergie, et le dernier trait de la tirade est digne de l'auteur de Cinna. Cornélius revient et proclame, au nom du sénat, la liberté d'Othorix ; il avertit en même temps Manlius que l'état le charge de veiller sur les jours des sénateurs. Tant de générosité ne fait point taire dans l'âme du fier Manlius la voix puissante de l'ambition. Sur ces entrefaites, arrive d'Ardée le centurion Cominius, qui a été témoin de la victoire remportée par Camille sur Clodomir, un des officiers de Brennus. Ce digne lieutenant du chef des Gaulois a péri de la main même de Camille. La nouvelle est trop bonne pour que Cornélius néglige de la porter de suite au sénat.

M. de S.ᵗ-Agnan est sorti, je crois, des bornes de la vraisemblance théâtrale dans la peinture qu'il trace de la fureur de Manlius en apprenant que Camille est élevé à la dignité de dictateur. Est-il possible qu'il se promette, pour assouvir sa vengeance, d'immoler *le père par le fils, l'épouse par l'époux*, et qu'il s'écrie :

« Si le peuple Romain ne formait qu'une tête,
» Je la ferais d'un coup tomber sur l'échafaud;
» Je dus être son roi, je serai son bourreau (1) ».

Cette parodie de l'abominable souhait attribué à Caligula, est indigne de la scène, et quelque férocité qu'on suppose à un ambitieux, elle n'ira jamais jusqu'à le porter à vouloir être le bourreau du peuple sur lequel il prétend régner. Manlius agit mieux d'après son caractère, lorsqu'il reproche à Fabius la préférence que le sénat accorde à Camille. Ses réponses, quoiqu'outrageantes, sont dictées par des motifs plus raisonnables, et il continue de se montrer aux yeux du spectateur, *tel qu'on l'a vu d'abord,* entreprenant et superbe. Le consul Sulpicius, de retour de la mission pacifique dont il a été chargé, en rend compte au sénat, et pour l'engager sans doute à ne pas différer de souscrire aux volontés de Brennus, il trace un tableau apologétique des conquêtes de ce chef de barbares. Servilius lui répond :

« Qu'importent ses projets, sa vertu, sa valeur,
» Sa frivole inconstance et sa vaine grandeur?
» Il est notre ennemi, ce mot doit tout vous dire :
» S'il combattit pour vaincre, il vainquit pour détruire ».

On croit que la trève sera refusée ; mais Othorix, qui a été auprès de Brennus l'interprète des désirs du sénat, et lui a proposé une paix, telle qu'il l'aurait offerte lui-même, si le sort l'eût rendu maître de terminer cette lutte sanglante, déclare que Brennus, après avoir hésité entre le

---

(1) Ces vers ont été retranchés depuis par l'auteur, toujours docile à la voix d'une juste critique.

désir d'humilier Rome et le plaisir de s'associer à ses heureux destins, a promis de venir lui-même en conférer avec
le sénat. Ici se termine le troisième acte.

Plus d'un lecteur se demande comment Othorix, qui
intervient si noblement entre les vaincus et les vainqueurs,
afin de les rapprocher, a d'abord eu l'air d'applaudir aux
vues de Manlius. L'auteur, dans la première scène de l'acte
suivant, fait expliquer au neveu de Brennus sa conduite
précédente. Après cette justification, le jeune et magnanime
Othorix essaie de persuader à Manlius qu'il y va maintenant de son intérêt de renoncer à ses prétentions au sceptre
enlevé par Brutus aux Tarquins. Il n'a pas le temps de
l'amener à de tels sentimens. Brennus entre avec les sénateurs ; il parle :

« Tant d'orgueil à la fin et m'irrite et me lasse ;
» Braverez-vous toujours le fer qui vous menace ?
» Je vous offre aujourd'hui ma haine ou mes bienfaits,
» Et Rome doit choisir ou la guerre ou la paix ».

Les sénateurs, Othorix lui-même, osent rappeler au farouche vainqueur que les Romains n'accepteront qu'un
traité honorable. Brennus cède à condition qu'on lui paiera
pour ses soldats mille livres d'or. Une réflexion arrachée à
Sulpicius par la plus juste indignation, rend à Brennus sa
première férocité, et il fait entendre le mot fameux : *malheur aux vaincus !* Le sénat se résigne : *sur l'autel de nos
dieux allons jurer la paix,* dit Cornélius. O surprise !
Camille entre à l'instant ; Camille si impatiemment désiré
et des Romains et du lecteur. A le voir, à l'entendre, on
croirait qu'il vient d'ouvrir les portes du temple de Janus,
signal terrible et qui précédait à Rome toute déclaration de
guerre. Brennus sort pour se préparer à celle que proclame
le dictateur ; et ce dernier harangue ainsi les soldats et les
citoyens qui l'accompagnaient :

« Aux armes ! trop long-temps régna la tyrannie !
» Peuple, écoutez ma voix ; aux armes ! la patrie
» Réclame les efforts de vos bras généreux.
» Il luit enfin, le jour qu'ont appelé vos vœux.
» Étouffez vos soupirs, apaisez vos murmures ;
» Du sang, il faut du sang pour venger vos injures.
» Entendez-vous au loin ces barbares soldats
» Dont la bouche féroce appelle les combats ?
» Armez-vous, prévenez leurs fureurs inhumaines.
» En glaives meurtriers, Romains, changez vos chaînes
» Brennus ose envier l'honneur du premier rang ;
» Pour prix de tant d'affronts qu'il perde tout son sang.
» On dit que sur le Rhône, armés pour sa défense,
» Vingt tyrans comme lui soutiennent sa puissance.
» Comme lui vingt tyrans tomberont sous vos coups.
» Contre vos oppresseurs *armez votre courroux* (1).
» Marchons ! Qu'à votre aspect disparaisse leur trône !
» Arrachons *de leurs mains* leur sanglante couronne ;
» Dépouillez un tyran de son sceptre abhorré ;
» Qu'il traîne dans la poudre un front déshonoré.
» Que tardez-vous ! Formez vos phalanges guerrières !
» Cent peuples réunis sous les mêmes bannières,
» A notre délivrance ardens à concourir,
» Viennent auprès de vous triompher ou mourir.
» Réveillez-vous, sortez d'une lâche indolence ;
» Qu'aux yeux des nations brille votre vaillance.
» Les tyrans sont armés pour détruire vos droits,
» Peuple de souverains marchons contre les rois !
» Vous dont le sort trahit la valeur et la gloire,
» Romains, qu'on vit mourir au champ de la victoire,
» Et dont le noble orgueil *effraya vos bourreaux*,
» Romains, *que tardez-vous ?* sortez de vos tombeaux.
» Sortez, braves guerriers, sortez ; à la patrie
» Montrez le fer cruel qui vous ôta la vie :
» Découvrez à ses yeux vos corps ensanglantés.
» Le sang doit apaiser vos mânes irrités.
» Marchons » !

Ce morceau, malgré quelques incorrections de style,
quelques réminiscences, quelques traits de mauvais goût,

---

(1) Variante, *armez-vous, armez-vous.*

est propre à donner une idée favorable du talent de l'auteur quand il s'agit de rendre avec véhémence les passions véhémentes. La prosopopée qui le termine est imitée de Cicéron ; elle nous paraît bien amenée. Camille a besoin de moyens extraordinaires pour le coup hardi qu'il va tenter, et il doit frapper l'esprit du peuple et des soldats par des images vives et saillantes.

Je l'avouerai avec franchise, le dernier acte me semble le plus faible de tous, et décèle trop l'embarras de l'auteur pour concilier les incidens de sa pièce et dénouer son intrigue. La nouvelle apportée par Cimber de la fuite de Camille est impossible à admettre. Elle dérange toutes les idées du spectateur, et l'indispose en reportant son attention sur Manlius qu'il espérait ne plus revoir avec ses éternels projets. On s'ennuie à la fin de l'entendre toujours faire le même calcul, sans jamais avoir plus de certitude du résultat. Othorix, jusqu'au dénoûment, ne trahit point la foi jurée au peuple qui l'accueillit avec magnanimité, et malgré les ordres de Brennus, il est resté auprès de ceux en faveur desquels il avait inutilement élevé la voix de la reconnaissance et de l'admiration. Au récit par Cimber de la déroute de Camille, il désespère du salut de Rome ; et loin d'engager Manlius à profiter de l'insurrection de la populace qui le crée dictateur, il lui montre le chemin de l'exil comme le seul qui puisse le sauver de l'orage qui va fondre sur l'état. Heureusement que Camille arrive pour détromper tout le monde. La pièce se termine par un très-long discours, que le libérateur des Romains leur adresse sur la gloire dont ils viennent de se couvrir par l'expulsion de Brennus. Il y mêle des idées morales sur le danger d'écouter les factieux, et après avoir gratifié Othorix de son épée, il le prie, lorsqu'il sera roi, de se souvenir de la bravoure et de la grandeur des Romains.

Tel est le plan de la tragédie de Camille, que son auteur a cru devoir livrer au public avant que d'en essayer l'effet à la représentation. Elle est précédée d'une dissertation dans laquelle M. Desquiron de S.ᵗ-Agnan entretient son lecteur, beaucoup plus de l'*homme* que de l'*ouvrage*. Sa profession de foi, en matière politique, bien qu'elle mérite l'approbation générale, n'était point de notre ressort. Nous n'avons eu que la prétention de juger l'ouvrage ; c'est au public à juger l'homme.   J. B. V.

Lettre autographe de M. de Lafayette.

Lagrange, 5 Mars 1818.

J'ai lieu de croire que M. Desquiron de S.ᵗ-Agnan n'a pas reçu mes remercîmens et l'expression du plaisir que j'ai éprouvé en lisant sa tragédie. Les sentimens patriotiques dont l'auteur se montre animé, et la bienveillance particulière qu'il me témoigne ne pourraient que me donner un grand désir de lui témoigner moi-même ma reconnaissance. Je suis à la campagne jusqu'aux derniers jours du mois ; mais à cette époque j'irai lui porter les assurances qu'une commission mal faite m'a privé de lui présenter plus tôt. Je le prie de vouloir bien les agréer provisoirement dans le billet que je m'empresse de lui adresser.

LAFAYETTE.

Un poëme national, intitulé les *Cents Jours*, était alors dans le portefeuille secret de M. Desquiron de S.ᵗ-Agnan ; il le confia à l'examen critique de l'amitié ; sa confiance fut trahie par cette amitié généreuse.

On en jugera par l'article que nous allons recueillir. Il est extrait de l'*Aristarque Français*, du 1.ᵉʳ Janvier 1820 :

On annonce, pour paraître après la session des Chambres, un poëme national en dix chants, qui a pour titre les
CENT JOURS. L'auteur a voulu payer un noble tribut à sa
patrie ; il a voulu grouper dans une galerie de tableaux ces
guerriers, l'honneur de notre âge, ces ministres restés citoyens au faîte des grandeurs, ces magistrats restés incor-
ruptibles au milieu de toutes les séductions ; il a voulu mar-
quer du sceau de l'ignominie ces hommes qui trahirent les
plus saints devoirs, ces caméléons politiques, toujours à
genoux devant l'idole de la puissance ; ces dominateurs en
sous-ordre, invisibles pour le citoyen qui nourrit à prix
d'or leur superbe insolence ; ces fabricateurs de révolution,
si habiles dans le calcul des chances qu'elles présentent ;
ces puissans du siècle, devenus sourds, ces protecteurs devenus muets, ces parvenus qui ont perdu la mémoire : un
fer brûlant doit les flétrir au front.

Il faut convenir que le sujet offrait des difficultés presque
insurmontables : est-il permis de tout dire dans le siècle où
nous vivons ? Et cette liberté de la presse qu'on voudrait
encore restreindre, donne-t-elle bien la faculté de signaler
au mépris public de grands coupables, tout puissans par
leur crédit, tout puissans par leur fortune, tout puissans
par le bail à vie qu'ils ont eu l'adresse de faire homologuer
par le collége des rois ?

Quoi qu'il en puisse être, l'auteur a tout dit : il s'est
montré l'homme de la France, et jamais l'homme d'un
parti : c'est l'histoire à la main qu'il a tracé ses caractères ;
il n'a point adulé Bonaparte au faîte de la gloire ; il ne l'a
point outragé dans le malheur ; mais celui qui détruisit la
liberté, ne pouvait être le héros d'un poëme patriotique.

On peut développer ainsi le plan de l'ouvrage.

Le trône des Bourbons est rétabli ; l'Europe respire après

tant de guerres désastreuses ; le fanatisme frémit de rage , il franchit les portes éternelles suivi du deuil et de la mort ; bientôt une inquiétude vague agite les esprits ; Napoléon frémit dans son île ; il fuit à la faveur des ombres ; il traverse les mers, et foule le sol français ; la guerre agite l'étendard de la révolte ; la liberté la suit un bandeau sur les yeux ; l'héritier d'Henri IV abandonne le palais de ses pères, et va déplorer, sur la terre d'exil , les maux qui menacent un peuple généreux.

L'acte additionnel ; le champ de Mai ; la déclaration du congrès de Vienne ; l'armement de douze cent mille hommes destinés à subjuguer la France ; les fortifications de Paris ; la convocation des Chambres; les mémorables débats des représentans de la nation ; la bataille de Waterloo ; son résultat funeste ; la seconde abdication de Napoléon ; la proclamation du prince impérial ; le traité honteux imposé à l'armée française ; le retour de la maison royale , et la dégradation de nos monumens. Telles sont les matières qui remplissent les dix chants, dont se compose le poëme.

On sent d'avance que les Masséna , les Ney, les Labédoyère , les Bertrand, les Cambronne, les Lafayette et une infinité d'autres personnages historiques , y agissent conformément à leur caractère connu.

Nous citerons quelques passages. Voici d'abord l'exposition :

> L'Europe après trente ans avait posé les armes,
> La France respirait à l'abri des alarmes;
> Les peuples , éclairés par leurs propres malheurs,
> Jouissaient d'un repos acquis par tant de pleurs;
> Les cœurs étaient ouverts à la douce espérance,
> Tous les pouvoirs unis marchaient d'intelligence,
> Et Louis qu'enflammait l'amour sacré des lois,
> Portait dans ses vieux ans le sceptre de nos rois.

Des troubles se manifestent bientôt.

Les courtisans, flétris par de longues disgrâces;
Au milieu de la cour s'emportent en menaces;
Ils veulent arracher à nos vaillans guerriers
Le triomphe flatteur qu'on dut à leurs lauriers.
Les ministres de Dieu briguent des récompenses,
La noblesse à hauts cris rappelle ses souffrances;
Dans le palais des rois elle ose s'arroger
Le pouvoir de punir, le droit de protéger;
Et foulant à ses pieds la majesté suprême.
Ose se proclamer l'appui du diadême.
....

Le conseil s'assemble.

Ennemi des Français et fier de le paraître.
....

Un coupable courtisan se lève et dit :

Craignez, seigneur, craignez ces farouches soldats;
Ces monstres abreuvés de sang et de carnage,
Ces brigands aguerris, fiers d'un orgueil sauvage,
Ces coupables suppôts d'un lâche usurpateur.
....
D'un barbare étranger la garde sanguinaire
Du prince légitime outrage le palais,
Et compte insolemment tous les maux qu'elle a faits.

A cette odieuse accusation , un vertueux ministre oppose
ce généreux langage :

Je ne suis qu'un soldat, mais du moins, à ce titre,
De nos faits glorieux je puis être l'arbitre;
J'ai vu ces compagnons de nos hardis travaux,
Dans les rangs ennemis illustrer nos drapeaux;
Fidèles à l'honneur, fidèles à la gloire,
Je les ai vu soumis au sein de la victoire.
Modestes, généreux, dignes du nom Français,
Je les ai vu gémir de leurs propres succès.
Osera-t-on encor, après cette assurance,

Outrager ces héros qui sauvèrent la France,
Et que l'Europe entière honorait autrefois
Pour l'amour généreux qu'ils portaient à leurs rois?

Dans le second chant, l'auteur peint Napoléon relégué sur le rocher de l'île d'Elbe :

Là, vit Napoléon, guerrier audacieux,
Descendu pour toujours d'un trône glorieux;
Il a régné quinze ans, sur la France étonnée :
Il imposa ses lois à l'Europe enchaînée;
Il compta dans sa cour où rampaient ses égaux,
Des princes pour sujets et des rois pour vassaux;
A son vaste pouvoir, chacun rendait hommage,
L'Europe avait quinze ans éprouvé son courage;
Toujours grand, toujours calme au milieu des combats,
La fortune partout avait suivi ses pas :
Il avait à son char attaché la victoire,
Et de tous les héros effacé la mémoire;
A l'horreur de l'exil maintenant condamné,
Sur un rocher funeste, il vit abandonné!
Au jour de nos revers, environné d'alarmes,
En quittant le pouvoir il déposa les armes;
Et par un sort fatal il perdit à la fois
Le cœur de ses sujets et le bandeau des rois.
Il tomba, non vaincu, mais trahi par lui-même...
....
Son front est obscurci, son cœur impétueux
Tour à tour déchiré brûle de mille feux.
Avec un morne effroi son œil fixe la terre;
Il prête en vain l'oreille aux foudres de la guerre;
Son esprit est flottant, ses pas sont incertains,
Et son glaive inutile est tombé des mains...

L'ambition, monstre sanguinaire, détermine la fuite soudaine de Napoléon ; des ordres sont donnés, et ses vaillans compagnons apprennent qu'ils vont revoir enfin le sol de la patrie :

Sur la terre d'exil, on prépare en silence
Ce fortuné départ objet de tant de vœux.

Tous les cœurs sont remplis d'un amour vertueux.
Amour cher et sacré qu'inspire la patrie.
. . . .
Là, sur un sol brûlé par les feux du soleil,
Que de fois, au moment d'un pénible réveil,
Les vétérans blanchis au milieu des alarmes
Dans les yeux l'un de l'autre avaient surpris des larmes !
Que de fois en secret l'haleine des zéphirs
Dans l'espace des airs emporta leurs soupirs !
Que de fois agités par un cruel mensonge
Leurs esprits abattus furent heureux en songe !
Que de fois leur regard sur les flots azurés,
Du sol de leurs aïeux chercha les bords sacrés !
Et que de fois enfin, en plongeant dans l'espace,
Ils conçurent l'espoir d'en découvrir la trace !

Il faut du mouvement dans un poëme ; et l'auteur, après avoir retracé les événemens du 20 Mars, transporte l'imagination du lecteur au milieu du congrès de Vienne, et, en présence du collége des rois, il fait tenir ce langage au plénipotentiaire français.

Monarques glorieux, dit-il, la douce paix
A vos nobles désirs refuse ses bienfaits.
Un monstre a reparu sur la scène du monde,
Le crime le précède, et l'effroi le seconde.
Il a fui l'île d'Elbe, il a franchi les mers,
Et les murs de Paris enfin lui sont ouverts ;
Il est assis au trône où sa fière arrogance,
Insulte à des traités que dicta la clémence.
Le fils du grand Henri, votre auguste allié,
Loin du palais des rois, languit humilié ;
Son peuple est resté sourd à sa voix paternelle,
Au devoir, à l'honneur il s'est montré rebelle,
Et dans son fol orgueil dédaignant votre choix,
Il s'est jugé plus fort, et plus grand que vingt rois.
Souverains généreux, qu'un saint devoir engage,
C'est à vous de venger un si funeste outrage :
Vous, dont l'Europe entière admire les hauts-faits ;
Vous, dont chacun des jours se lie à des bienfaits,
Vous devez à vos fils, à la France, au ciel même,

De faire respecter les droits du diadême.
Les trônes ébranlés réclament votre appui,
C'est du destin des rois qu'il s'agit aujourd'hui.
Qu'importent, désormais, et vos droits et vos titres,
Si vos propres sujets deviennent *vos arbitres ;*
Si leur audace impie, osant trahir vos vœux,
Le glaive dans les mains vous repousse loin d'eux ?
Le suprême pouvoir est un présent céleste,
L'avenir l'apprendra, le passé nous l'atteste.
Gardez-vous de souffrir qu'un peuple révolté
Sur un sol orgueilleux fixe la liberté.
Le fier Napoléon mérita votre haine :
Qu'il descende du trône et meure dans sa chaîne.
Le seul titre légal qui l'unissait à vous,
Le seul qui le plaçât à l'abri de vos coups,
Ne doit plus exister aux yeux de la justice.
Les projets désastreux dont il fut le complice
Le privent pour toujours de l'appui de ces lois
Que respecte le peuple et qu'observent les rois.
Ne voyez plus en lui que l'ennemi du monde ;
Et que de l'avenir sa chute vous réponde.
Il se taît à ces mots.........

L'Europe est armée, elle marche en poussant un cri d'extermination :

Un seul homme a suffi pour ébranler la terre ;
Les peuples sont levés ; la perfide Angleterre
Répand à pleines mains ses trésors corrupteurs.
....
L'Angleterre, jadis vassale de la France,
D'abaisser un grand peuple a conçu l'espérance.
Et l'Europe, à sa voix, partage ses desseins.
....
Le Russe irrésolu, le Suisse mercenaire,
Le Sarde au front altier, l'Espagnol sanguinaire,
Des rives de l'Ister, le paisible habitant,
L'Anglais au cœur d'airain, et le Belge inconstant,
Unis par l'intérêt, s'animent au carnage.
Ainsi mille éléphans qu'unit un même outrage,
Contre un seul ennemi marchent avec fureur.

Napoléon s'environne des hommes qui brillent dans son conseil par leur mâle éloquence. Là, siégent Cambacérès,

Davoust, Carnot, Maret, Mollien, Caulaincourt et l'horrible Fouché.

Tous les vœux appellent la liberté, au moment où Napoléon, en proie à sa fureur, se lève et s'écrie :

> ...... A-t-on pensé que je pourrais me rendre
> Aux conseils dangereux qu'ici je viens d'entendre.
> Je connais des Français et la fougue et l'orgueil ;
> Maître d'un grand pouvoir j'en ai sondé l'écueil.
> Rappelons du passé les fureurs et les crimes ;
> Comptons les échafauds tout chargés de victimes :
> Recherchons les motifs de la sombre terreur,
> Qui fit du sol français un théâtre d'horreur.
> C'est de la liberté que naquit la licence.
> A son nom fut versé le sang de l'innocence ;
> Et le sort du Français, si fier dans les combats,
> Est de se croire libre et de ne l'être pas.
> Il cesse de parler ; tout tremble, tout s'abaisse :
> Un morne effroi succède à la douce allégresse :
> Il lève un front sinistre, et ses pas assurés,
> D'un trône chancelant descendent les degrés.

Ici je terminerai mes citations.

Je rendrai compte du poëme aussitôt qu'il aura paru ; les
fragmens que j'ai cités sont remplis de beaux vers et de
pensées aussi neuves qu'énergiques ; mais j'attends, pour
asseoir mon opinion sur l'ensemble de l'ouvrage, qu'il ait
été livré au public.   A. D. V.

Le poëme des *Cent Jours* n'a pas encore été livré au
public ; mais il ne tardera pas à l'être. L'auteur a voulu
le rendre digne par de constans efforts de l'attention des
juges éclairés. Il en doit être ainsi d'un grand nombre
de comédies en vers et de tragédies qui toutes respirent
l'amour sacré de la patrie (1).

---

(1) Toutefois, un poëme épique intitulé l'*Haïliade*, et sorti de sa plume,
a déjà vu le jour sur le sol d'Haïti, au très-grand applaudissement d'un
peuple absolument libre.

Une quatrième chambre ayant été créée par la Cour royale de Toulouse, des motifs de patronage, des rapports de famille et de possession territoriale, déterminèrent M. Desquiron de S.ᵗ-Agnan à manifester le désir de rentrer dans le corps de la magistrature.

Instruit par l'un des chefs de division du ministère de la justice que la place d'avocat-général était encore à la disposition de Mgr. le garde-des-sceaux,

La demande en fut présentée en son nom, de la manière suivante, par sept honorables députés.

Les soussignés, membres de la Chambre des Députés, ont l'honneur de présenter à M. le garde-des-sceaux, M. Desquiron de S.ᵗ-Agnan, avocat à la Cour royale de Paris, ancien magistrat, pour remplir la charge d'avocat-général vacante près la Cour royale de Toulouse ; et nous recommandons spécialement à la justice et aux bontés de Son Excellence, ce savant magistrat qui, par ses connaissances dans le droit, son zèle et son dévoûment, peut rendre d'utiles services à l'État.

Paris, ce 4 Mars 1818.

LAFITTE, MANUEL, BEDOCH, LAFAYETTE, DE VERNEUIL-PUYRASEAU, BENJAMIN CONSTANT, D'ARGENSON.

Voici les lettres autographes qui accompagnèrent cette demande :

Lettre de M. Lafitte *à Mgr. le Garde-des-Sceaux.*

Monseigneur, M. Desquiron de S.ᵗ-Agnan, ancien magistrat, docteur en droit et avocat près la Cour royale de Paris, auteur de plusieurs ouvrages de jurisprudence qui

ont rendu son nom recommandable en France et dans l'é-
tranger, sollicite aujourd'hui la charge d'avocat-général près
la Cour royale de Toulouse , où d'un autre côté des considérations particulières le portent à se fixer.

Sa demande , appuyée par sept membres de la Chambre
des Députés , a été mise déjà sous les yeux de Votre Excellence. Si mon témoignage peut être ici de quelque poids
dans son esprit , je n'hésiterai pas, dans l'intérêt même du
public , à l'émettre de la manière la plus particulière pour
appeler les bontés de Votre Excellence sur un jurisconsulte
qui , par son caractère et l'étendue de ses connaissances ,
peut rendre d'importans services à son pays , et honorer les
fonctions qui lui seront confiées.

Je pense , Monseigneur , qu'un magistrat qui a fixé les
regards de plusieurs souverains de l'Europe et mérité l'estime de MM. de *Lafayette*, *Benjamin Constant*, *Manuel,
Bedoch*, *d'Argenson* et *Verneuil-Puyraseau*, a de justes
droits à la confiance de Votre Excellence , et je me réunis
à eux pour la solliciter.

Agréez , etc.

Paris , 24 Mars 1819. (J. Lafitte).

Lettre de M. Manuel *à M*. Rebut, *chef de division du
personnel au ministère de la justice.*

Monsieur, permettez-moi de vous présenter M. Desquiron
de S.ᵗ-Agnan , avocat, ancien magistrat. Vous connaissez
déjà sans doute la demande qu'il a formée pour être replacé
dans le parquet de la Cour royale de Toulouse; déjà plusieurs de mes collègues et moi nous l'avons recommandé à la
justice et à la bonté de M. le garde-des-sceaux , comme un
sujet digne de toute sa confiance , par ses principes , par
son caractère et par son talent. Son Excellence l'a accueilli

d'une manière favorable et lui a promis de penser à lui la première fois qu'il aurait à disposer d'une place qui lui fût convenable. Mais M. Desquiron de St-Agnan et moi savons à merveille combien vos propres dispositions sont importantes pour utiliser la bonne volonté du ministre, et je viens vous prier de vouloir bien, lorsque l'occasion s'en présentera, remettre les titres de M. Desquiron de St-Agnan sous les yeux du ministre. Vous ne nous refuserez pas ce témoignage de bienveillance, si vous pensez, comme moi, que la magistrature fera dans cet ancien magistrat une utile et honorable acquisition.

Agréez, Monsieur, l'expression, etc.   (MANUEL).

Lettre de M. Adet à Mgr. le Garde-des-Sceaux.

Monseigneur, Votre Excellence me permettra - t - elle d'unir mon témoignage à celui de M. Lafitte et de ses collègues de la Chambre des Députés, pour appeler votre intérêt sur la personne de M. Desquiron de St-Agnan, ancien magistrat.

Je l'ai connu dans des circonstances difficiles, et je me suis convaincu que, par la fermeté de son caractère, son bon esprit, l'étendue de ses connaissances, il pouvait rendre d'importans services à l'État.

Au moment, Monseigneur, où la sagesse de Votre Excellence s'applique à réparer les pertes qu'a faites notre magistrature, je ne puis douter que M. Desquiron de St-Agnan n'obtienne le prix de ses travaux, et que ses talens et son zèle pour la patrie ne l'appellent à la place qu'il doit occuper dans la magistrature.

Je serai heureux si mon témoignage peut être de quelque poids auprès de Votre Excellence, et plus heureux encore si vous daignez agréer avec bonté l'hommage du respect avec lequel je suis, de Votre Excellence,

Le chevalier (ADET).

Lettre de M. Villemain *à M.* Pichon, *secrétaire-général au ministère de la justice.*

Votre extrême bienveillance pour moi m'autorise peut-être à vous importuner d'une prière que la personne qui en est l'objet rend tout à fait juste et raisonnable.

M. Desquiron de S.ᵗ-Agnan sollicite une place dans l'ordre judiciaire : permettez-moi de vous dire que le connaissant depuis long-temps, je lui ai trouvé beaucoup d'instruction, de lumières et un excellent esprit.

Si ce témoignage pouvait avoir quelque créance près de vous, je serais heureux de servir un homme que j'estime infiniment.

Veuillez agréer, etc.   (VILLEMAIN).

Cette demande n'eut de succès qu'une proposition faite verbalement par M. de Serres pour la Cour de Bastia (Corse), où il vacquait une place de conseiller et une autre d'avocat-général, à quoi M. Desquiron de S.ᵗ-Agnan répondit par un refus bien mérité.

A l'insulte ridicule qui venait de lui être faite par le ministre de Serres, M. Desquiron de S.ᵗ-Agnan répondit par la publication d'un traité *ex-professo* sur la mort civile en France, où il examina les hautes questions que n'avaient point abordées ses devanciers dans cette entreprise difficile.

Il jeta un œil d'aigle sur les proscriptions politiques

par rapport à leurs effets appliqués aux principes de la mort civile.

Le Journal qui, alors sous le nom de *Miroir*, fixait tous les regards des moralistes et des savans, en rendit compte dans les termes suivans :

Un traité *de la Mort civile* était regardé depuis long-temps, par les hommes qui s'occupent à la fois de philosophie, de droit et d'économie politique, comme un des ouvrages dont la publication pût être la plus utile. Plusieurs jurisconsultes qui avaient traité cette matière, avaient laissé dans leurs livres beaucoup de lacunes qu'il fallait remplir. Une partie de la question générale avait même été totalement négligée, et celle-là, par l'effet des révolutions successives arrivées en France, était de la plus haute importance. M. Desquiron de S.ᵗ-Agnau, avocat à la Cour royale de Paris, déjà connu par des productions estimées au barreau et dans le monde littéraire, a rempli tous les vides que cette grave discussion offrait encore à l'écrivain assez courageux pour n'être pas effrayé de leur immensité.

Son ouvrage, formant un gros volume in-8.°, présente sous tous les points de vue la solution de la difficulté que fait naître l'idée de *la Mort civile*. Examinant d'abord quels crimes peuvent faire encourir à un citoyen cette peine, la plus terrible de toutes, puisqu'elle l'isole du sein de la société, l'attaque souvent dans son honneur, et le prive des charmes de la famille, l'auteur parle des conséquences de cette peine, et considère la mort civile comme résultat des proscriptions politiques. Ce chapitre est du plus haut intérêt : la question y est bien posée ; scindée à propos, ses deux parties sont habilement rapprochées ; il ne laisse, à notre avis, qu'une seule chose à désirer, c'est une couleur plus philosophique qui, dans un traité de cette nature, et surtout dans cette portion de ce traité, ôte à la discussion la sécheresse que les formes et les expressions de la loi y apportent trop naturellement.

Le travail de M. Desquiron de S.ᵗ-Agnan mérite d'être accueilli favorablement ; il est à la portée de tout le monde, et ce n'est pas à l'auteur un petit mérite que d'avoir traité un sujet semblable de manière à le pouvoir rendre presque populaire.

Un grand nombre des journaux du temps, entr'autres l'*Écho des ports maritimes pour les deux mondes,* suivirent l'exemple du *Miroir ;* et dans des articles approfondis, ils signalèrent cette utile production comme un monument élevé à la raison par la science et la probité politique.

Tant d'occupations multipliées laissant encore quelques loisirs à M. Desquiron de S.ᵗ-Agnan, il ouvrit dans l'école spéciale de commerce un cours de droit public et de droit naturel, où il réunit autour de sa chaire un très-grand nombre de disciples, dont il devint bientôt et le père et l'ami.

Un journal, ennemi des lumières, en rendant compte de l'existence de ce cours, pensa qu'il y avait inopportunité dans un tel enseignement.

Voici comment justice fut faite à la grande confusion de l'ultrà critique.

Lettre autographe de M. le général Thouvenot, *insérée au* Moniteur *du* 13 *Décembre* 1821.

Monsieur, je viens de lire, dans la *Quotidienne* du 9 du courant, un article qui est relatif à M. Desquiron de S.ᵗ-Agnan, honorablement connu comme avocat et comme écrivain distingué, et qui professe dans ce moment à l'école spéciale de commerce un cours de droit public et de droit naturel. L'auteur de cet article, qui n'a pas jugé à propos de se nommer, annonce avoir eu sous les yeux le discours d'ouverture de ce cours, et à cette occasion il exprime à la fois l'éloge et le blâme sur le personnel de M. Desquiron de S.¹-Agnan, en jetant des doutes offensans sur le penchant que ce professeur pourrait avoir à imiter ceux qui ont pu propager de fausses doctrines dans de semblables circonstances.

Je puis affirmer sur l'honneur que j'ai suivi jusqu'à présent avec beaucoup d'assiduité les leçons de ce cours, et que, placé à côté de mon fils, qui est un des élèves de l'école, j'ai été à portée d'apprécier les excellens principes de cet habile et éloquent professeur, qui tous ont pour base de graver dans l'âme des jeunes élèves les sentimens les plus prononcés de morale, de religion et d'amour envers l'auguste Monarque qui nous gouverne.

Je vous prie, M. le rédacteur, autant pour rendre hommage à la vérité, que pour détruire entièrement les inductions fausses et tout à fait controuvées de l'auteur de l'article anonyme précité, de vouloir bien insérer ma lettre dans votre intéressant journal.

Veuillez bien agréer, Monsieur, l'hommage de ma parfaite considération.   *Le général* THOUVENOT.

Paris, ce 11 Septembre 1821.

En 1821, un grand scandale fut donné au monde : ce fut le procès de la reine d'Angleterre. M. Desquiron de S.¹-Agnan fut chargé officiellement de la part de l'auguste accusée d'en écrire l'histoire impartiale. Cet ouvrage, publié par souscription, remplit deux volumes *in*-8.º , et fut l'objet de l'attention de l'Europe. Le nombre des exemplaires qui en furent tirés , annonce le succès qu'il a dû obtenir.

Plus tard , M. Desquiron de S.ᵗ - Agnan publia les tablettes de la reine d'Angleterre et la correspondance du baron Pergami. Il fut pour cela rendu dépositaire de certains manuscrits originaux qu'on a pu vérifier chez l'éditeur A. Émery, à Paris.

Enfin, dans un écrit intitulé ELLE EST MORTE, M. Desquiron de S.ᵗ-Agnan paya un tribut de douleur et de regrets sur la tombe de Caroline-Amélie de Brunswick, reine d'Angleterre , et décédée l'épouse de Georges IV.

La France alors était veuve du savant professeur Pigeau, qui laissait vacante , par sa mort, une chaire importante dans l'École de droit de Paris.

M. Desquiron de S.ᵗ-Agnan se présenta dans ce concours honorable ; et lorsque le témoignage de quinze cents étudians l'appelaient à la couronne qu'il avait justement méritée , il se vit brutalement repoussé.

« Il fallait un calculateur, dit Figaro fort spirituelle- » ment, on choisit un maître de danse ».

Voici au surplus la fable allégorique qui fut composée à cette époque dans le cercle éclairé des étudians en droit. Elle fut publiée dans le journal *le Miroir,* du 10 Avril 1823 :

L'ÉTALON, LES MULETS ET L'ANE.

FABLE.

Un étalon plein de noblesse,
De vaillance et d'agilité,
Dans sa force et sa liberté,
Se balançait avec souplesse.
Né pour affronter les hasards,

Il soupirait après la gloire,
Et retenait dans sa mémoire
Que sa famille avait eu des Césars.
L'âge vint défaire ses preuves.
Un grave conseil de mulets
Régla la forme des épreuves,
Et présida lui-même au plaids.
L'étalon parut ; son courage,
Son œil où brillait la fierté,
Révoltèrent l'aréopage,
Et l'étalon fut rejeté.
Craignez sa pétulante audace,
S'écria-t-on tout d'une voix ;
De nos pareils plus d'une fois
On le vit outrager la race.
Choisi par nous, au milieu des combats,
Nous le verrions bientôt sans doute,
Parcourant une noble route,
De ses lauriers charger nos bâts.
Ses rivaux lui sont préférables ;
De l'avenir il faut parer les coups
En n'admettant dans nos étables
Que des sujets plus sots que nous.

Un âne écoutait ce langage.
Pourvu du bonnet de docteur,
Il avait fait l'apprentissage
Du lâche métier de flatteur
Admirable, dit-il, je trouve la sentence !
Il faut apprendre à vivre à messieurs les chevaux.
Croyez-vous bien qu'à leur jactance
On les prendrait pour nos égaux ?

Le lecteur déjà de ma fable
Pénètre le sens véritable.
Un brillant concours est ouvert,
Et par un criminel concert
C'est l'ignorance qui l'emporte :
Le mérite reste à la porte.

Ici finit naturellement le cours de cette notice intéressante. M. Desquiron de St-Agnan , en s'éloignant de la capitale pour obéir au sentiment sacré de la piété filiale , fut porter en 1825 l'appui de son talent dans un barreau justement honoré , celui de Bordeaux.

Son début y fut marqué par le plus beau triomphe qu'ait jamais obtenu l'éloquence judiciaire.

On en jugera en lisant les feuilles publiques du 11 Mars 1825.

Extrait du Mémorial Bordelais.

La cause de Maurice Hervé , accusé du meurtre de M. Droz , curé de Cazelle , avait été renvoyée au lendemain. L'accusation , par l'organe de M. Feuilhade de Chauvin , s'était fait entendre ; M. l'avocat-général avait déployé beaucoup de force et de talent dans les moyens que paraissaient lui présenter les circonstances du meurtre.

Une affluence aussi considérable que la veille , et une foule de personnes étrangères au barreau , dont la présence est toujours un flatteur encouragement pour les orateurs , étaient dans une juste impatience d'entendre la défense.

M. Desquiron de St-Agnan a obtenu la parole. Cet orateur, dont la voix est belle et sonore , a commencé par payer un juste tribut d'éloges aux magistrats de la Cour et au barreau de Bordeaux auquel il semblait fier de s'attacher ; ces éloges ont été présentés avec autant de grâce que d'esprit. Abordant ensuite l'idée qui dominait la cause , l'état de démence où il soutenait que se trouvait l'accusé, l'avocat s'est emparé de suite de l'âme de tous les auditeurs, dont il n'a cessé de captiver l'attention par la lucidité de ses pensées , la force de ses raisonnemens , et par les mouvemens sublimes d'une éloquence toujours entraînante.

Il entrait dans le plan de la défense de se livrer à des discussions sur la médecine légale, pour démontrer ces effets produits ordinairement par l'aliénation mentale. Cette partie, naturellement aride, est devenue très-intéressante par la manière lumineuse dont elle a été traitée. A des citations savantes sur la matière, l'orateur a joint le récit animé de plusieurs événemens occasionnés par la monomanie. Appliquant à l'accusé les conséquences du principe qu'il venait d'établir, il en représentait l'aliénation avec une évidence qui frappait tous les esprits. Une comparaison entre Hervé et Papavoine pouvait intimider la défense ; l'avocat a saisi cette difficulté avec le plus heureux succès. Enfin, dans une péroraison où les tableaux les plus touchans se mêlaient aux pensées les plus éloquentes, le défenseur a fait passer dans tous les cœurs la forte conviction dont il était pénétré lui-même ; et tous les cœurs attendris d'admiration et de respect pour un si beau talent, formaient le même vœu que lui.

M. l'avocat-général a improvisé une brillante réponse à la défense qui venait d'être entendue. Ce magistrat s'est montré digne de la haute réputation qu'il s'est acquise depuis long-temps, et a su, malgré l'éloquent discours du défenseur d'Hervé, se faire écouter avec la plus grande attention, et mériter les suffrages unanimes de tous les auditeurs.

Les efforts de M. Desquiron de S.ᵗ-Agnan ont été couronnés du plus heureux succès, et l'acquittement de l'accusé, prononcé par M. le Président, d'après la décision du jury, en proclamant le triomphe d'un admirable talent et d'une âme pleine de générosité, a justifié l'espérance qui semblait soutenir et animer les accens de l'avocat pendant toute sa brillante plaidoierie.

M. le Président avait à peine prononcé l'acquittement de

Maurice Hervé, lorsque M. l'avocat-général a demandé que l'accusé fût reconduit en prison, jusqu'à ce qu'il eût été statué sur son sort.

Nous devons aussi rappeler avec quelle bienveillante dignité, avec quelle impartiale sagesse ont été dirigés les débats par M. Hosten, président des assises ; tous ceux qui y ont assisté, rendaient un hommage respectueux à ses hautes lumières et à ce soin religieux qu'il apporte dans ses honorables fonctions.

Extrait du Journal l'Indicateur.

Ils sont heureusement loin de nous ces jours de barbarie et de ténèbres où l'on décidait à huis-clos de la vie des hommes, et même hors de leur présence ; la publicité des débats et la noble institution du jury garantissent à tous la stricte observation de formes protectrices ; leur sage et tutélaire lenteur est un bienfait de plus, et devient pour l'innocence un nouveau motif de sécurité. Si l'on en pouvait douter, l'affaire d'aujourd'hui en offrirait une preuve irréfragable. Nous avons raconté dans le temps le fait principal ; il suffira de le rétablir avec quelque développement.

Maurice Hervé, laboureur, âgé de vingt-deux ans, est, d'après les dépositions de nomhreux témoins de la commune de Cazelle, arrondissement de Blaye, sombre, taciturne, mélancolique. Le 19 Décembre dernier, jour de dimanche, il se trouva sur le passage de M. Droz, ecclésiastique vénérable, qui se rendait à cheval, du château de Grissac à l'église, pour dire la messe. Un serviteur précédait à pied le curé, qui adressa quelques paroles au jeune Maurice : « Petit, lui dit-il, tu vas à la chasse ? si tu trouves un beau lièvre, porte-le moi, je te le payerai bien ». M. Droz n'avait pas fait vingt pas, qu'il se sentit frappé d'un plomb meurtrier, et n'eut que la force de s'écrier, en tombant de cheval : « Mon Dieu, recevez mon âme, et pardonnez-moi comme je pardonne à mon meurtrier ».

Maurice Hervé prétendit d'abord que son fusil était parti au repos. Arrêté bientôt après, il changea de langage, avoua le crime et la préméditation ; et en assigna la cause à des visions nocturnes, à des obsessions continuelles, à quelque force irrésistible dont il était l'instrument, et qui lui commandait de tuer M. le curé.

C'est dans cet état que la cause et l'accusé sont parvenus aux pieds de la Cour. Dire que M. l'avocat-général Feuilhade de Chauvin portait la parole, c'est annoncer que l'accusation a été brillamment présentée et soutenue dans toutes ses parties. M. Desquiron de S.ᵗ Agnan, avocat du barreau de Paris, qui vient, dit-on, se fixer à Bordeaux, prêtait toute la chaleur d'un beau talent à Maurice Hervé. Le crime était avéré, la préméditation était certaine ; que pouvait faire le noble défenseur ? Présenter son client dans un état de démence. Aussi, physiologie, médecine légale, sentiment des auteurs et des criminalistes célèbres, exemples fameux, tant anciens que modernes, ont été contradictoirement invoqués par les deux orateurs. Le système de la défense a prévalu.

M. Hosten a résumé ces plaidoieries savantes avec une sagacité qui ne leur faisait rien perdre en passant au creuset de l'analyse, et le jury, après moins d'une demi-heure de délibération, a déclaré que Maurice Hervé n'était pas coupable d'avoir donné volontairement la mort à M. le curé de Cazelle. M. le Président a prononcé l'acquittement de l'accusé ; mais, sur le réquisitoire du ministère public, il a été reconduit en prison, jusqu'à ce qu'il ait été statué ultérieurement sur la situation mentale.

En comparant l'article inséré dans la première de ces feuilles bordelaises et l'article inséré dans la seconde, on ne manquera pas de s'apercevoir qu'il règne une sorte de sécheresse dans l'*Indicateur*. Il est inutile d'en expliquer ici le motif, mais on pourra l'apprécier justement en lisant la lettre autographe adressée le surlendemain au journaliste par un savant entre tous les savans, qui voulut et a voulu toujours depuis se couvrir du voile de l'anonyme :

A M. le Rédacteur de l'Indicateur.

Monsieur, j'ai lu avec intérêt dans votre journal l'article qui rend compte du procès criminel de Maurice Hervé, meurtrier du respectable curé de Cazelle, lequel a rempli successivement deux séances de la Cour d'assises de cette ville. L'exposé des faits est exact, et vous donnez de justes applaudissemens aux membres de la Cour qui, dans cette affaire, comme dans toutes les autres, ont fait preuve du plus haut mérite. Mais vous n'avez payé, peut-être, qu'un trop faible tribut d'éloges à l'éloquent avocat chargé de défendre l'accusé. Ce motif m'engage à vous demander une place dans votre feuille pour faire connaître l'opinion que MM. les avocats et un auditoire éclairé ont conçue du rare talent de M. Desquiron de S.ᵗ-Agnan.

La preuve légale du crime d'Hervé étant acquise par de nombreux témoignages et par ses propres aveux, il ne restait à la défense qu'un seul moyen, celui d'établir la démence de l'accusé au moment de l'assassinat, de le placer dans les dispositions de l'article 64 du Code pénal. Cette situation difficile, surtout dans une espèce environnée de présomptions défavorables, exigeait une grande force de logique et une éloquence puissante. Ces deux élémens se sont rencontrés à un degré supérieur dans l'esprit vaste et solide, et dans l'âme noble et profondément sensible de M. Desquiron de S.ᵗ-Agnan.

L'orateur, agrandissant son sujet, a d'abord cherché dans les faits, puis dans la loi, la preuve de sa doctrine. Ensuite, on l'a suivi avec admiration dans des dissertations savantes sur les divers caractères de la démence, et notamment sur la monomanie dont est atteint Maurice Hervé ; dissertations qu'il a semées de citations nombreuses puisées dans la médecine légale, et de raisonnemens lumineux tirés de la jurisprudence criminelle de tous les pays. Plusieurs épisodes d'un vif intérêt ont complété des démonstrations ; et la chaleur de son élocution, le charme entraînant d'une voix pure et sonore, l'expression continuelle des plus beaux sentimens donnant à toutes ses paroles cette empreinte de génie qui émeut et qui force la conviction, il a fait passer dans tous les esprits la persuasion dont il était pénétré, et dans tous les cœurs les mouvemens généreux et sublimes qui remplissaient le sien.

Pendant cette lutte vigoureuse, dont le succès ne pouvait être douteux, et où tous les genres de connaissances ont été déployés, l'honnête homme, le citoyen estimable, le philosophe religieux se sont toujours montrés dans l'orateur. Ses raisonnemens n'étaient que l'expression de la vérité, et son éloquence l'effusion de sa vertu. Aussi, le triomphe honorable qu'il a obtenu n'est-il que le triomphe même de la loi et de l'humanité.

Cette preuve nouvelle d'un talent déjà célèbre fait concevoir combien la Cour royale de Bordeaux devra s'estimer heureuse de compter désormais au nombre de ses orateurs M. Desquiron de S.ᵗ-Agnan, dont le rare mérite, en fournissant un modèle de plus à la jeunesse du barreau, concourra à la consoler de la perte des Ferrère, des Lainé.

des Ravez, et à la perpétuer dans une illustration qu'elle possède à tant de titres.

Veuillez, M. le Rédacteur, accéder à ma prière, et recevoir d'avance mes sincères remercîmens.

Agréez l'assurance de mes sentimens distingués.

L'un de vos abonnés.

Bordeaux, ce 13 Mars 1825.

Au surplus, le témoignage des journalistes doit le céder au langage généreux des magistrats. Il a été recueilli par des sténographes, et il est demeuré gravé dans le souvenir d'une multitude immense pressée pour l'entendre dans la vaste enceinte où siégeait la Cour d'assises.

Voici comment s'exprima M. Feuilhade de Chauvin, alors avocat-général, qui, en cette qualité, était chargé de soutenir l'accusation.

Je me trouve heureux, comme ministère public, de pouvoir payer à l'honorable défenseur contre lequel je porte la parole, le tribut d'éloges que m'inspirent son rare talent et son noble caractère. Je crois pouvoir me rendre l'organe de Messieurs de la Cour, en félicitant le barreau de Bordeaux, de l'acquisition remarquable qu'il vient de faire dans la personne de M.ᵉ Desquiron de S.ᵗ-Agnan. Grâce à la force de sa logique, à la solennité de ses pensées, à l'entraînement de son éloquence, le malheur trouvera désormais en lui des ressources qui depuis bien des années s'étaient faites vivement désirer et vainement attendre.

A son tour, M. Hosten, conseiller, présidant la

Cour d'assises , s'exprima ainsi dans le cours de son lumineux résumé :

La ville de Bordeaux , veuve depuis bien des années de cette sublime éloquence qui vous caractérise , M. le défenseur, ne croyait pas pouvoir retrouver de long-temps un homme qui pût faire oublier les Buhan , les Ferrère et les Ravez. Le parquet , unanime avec toute la magistrature , sont d'accord en énonçant qu'ils se trouvent heureux de pouvoir vous compter au nombre de ceux qu'un aussi beau talent appelle à défendre le malheur.

La Cour me charge , Monsieur , de vous complimenter pour tous ses membres.

Mais il est encore un témoignage tout aussi flatteur , si même il ne l'est davantage , offert à M. Desquiron de S.ᵗ-Agnan peu de jours après cette mémorable époque de sa vie laborieuse.

On le trouvera dans l'extrait sténographique de l'éloquent plaidoyer prononcé par le plus vertueux des magistrats, l'honneur et la gloire de la Cour royale de Bordeaux , alors premier avocat-général , M. Degranges-Bonnet, à l'occasion d'une affaire civile plaidée devant la première chambre de la Cour par M. Desquiron de S.ᵗ-Agnan :

Messieurs , s'il est permis de dire des procès ce que l'on a dit des livres, qu'ils avaient une destinée toute particulière , *habent sua fata libelli* , on doit reconnaître qu'il était dans la destinée de cette cause de vous être présentée par un de ces hommes dont le talent peut être contesté à peu près comme la lumière peut être niée.

La confiance de M. du Châtenet s'était d'abord arrêtée

sur un orateur qui prête tous les jours au bon droit le secours d'une voix courageuse qu'on ne se lasse jamais d'entendre, et qu'on n'écoute point sans un grand profit.

Vous savez, Messieurs, par quels motifs de délicatesse
ce jurisconsulte a refusé la clientelle qui s'offrait à lui.

Alors M. du Châtenet a remis le soin de sa défense à un
autre orateur que ses travaux et ses succès rendaient digne
d'appartenir à notre barreau.

Quand il s'est levé dans ce prétoire, son talent était
connu de ceux-là même qui le voyaient pour la première
fois.

Quel jurisconsulte n'avait pas médité ce beau traité de
la Mort civile, qui place M. Desquiron de S.ᵗ-Agnau à côté
de Richer ?

Quel ami de la philosophie et des lettres, ces consola-
trices célestes, dont Cicéron a dit avec tant de vérité et de
charmes, *adolescentiam alunt, senectutem oblectant,
secundas res ornant, adversis perfugium ac solatium
prœbent;* quel ami des lettres, dis-je, n'avait pas lu les pages
éloquentes où M. Desquiron de S.ᵗ-Agnan rappelle en traits
de flamme nos devoirs envers la Divinité, envers nos semblables, envers le pays qui le vit naître. *(Dieu, la nature
et la loi).*

Celui que tant de titres recommandaient à l'estime publique, après avoir obtenu devant notre Cour d'assises un
des plus beaux triomphes, dont les annales de la justice
aient conservé le souvenir, vient supplier les magistrats
d'agréer l'hommage de son respect et de sa vénération.

Il a déposé aux pieds de la Cour des sentimens et des
espérances que leur pureté vous permettent d'accueillir avec
intérêt : il a promis d'apporter dans les discussions, cette
franchise et cet abandon pleins de loyauté, qui rougiraient

d'un succès acheté par le sacrifice de la bonne foi. Cette promesse annonce que la probité de M. Desquiron de St-Agnan lui a fait deviner les usages honorables de notre barreau, de ce barreau resté si riche après toutes les pertes qu'il a éprouvées, et dont on pourrait dire avec le poète : *Vires acquirit eundo.*

Quand M. Desquiron de St-Agnan jure d'imiter de généreux confrères, quand il vous parle du désir qui le presse de prêter comme eux un saint appui aux réclamations des faibles et des malheureux, de leur offrir dans son indépendance, ainsi que le recommande d'Aguesseau, un asile assuré contre l'oppression et la violence ; quand il proteste de son dévoûment à tout ce qui est sacré pour vous, au Roi, à la patrie, aux vertus austères qu'exige la profession dont il lui est permis de s'enorgueillir, vous ne refuserez pas, Messieurs, à un homme de bien, le témoignage précieux de votre bienveillance et de votre estime : vous lui permettrez de puiser dans la plus flatteuse récompense, la force dont a besoin quiconque dévoue sa vie à la recherche et à la défense de la vérité.

Plus tard, et à l'occasion d'une autre affaire capitale (accusation de parricide), un journaliste s'exprima dans ces termes :

M. Desquiron de St-Agnan a prononcé avec un rare talent un plaidoyer que les murmures les plus flatteurs ont interrompu à diverses reprises. Son style est correct, ses périodes harmonieuses, et dans une affaire aussi grave, ce noble avocat a trouvé le moyen de donner, à sa défense, cette pureté et ce luxe d'expressions qu'on n'a le droit d'exiger que dans les discours académiques. Son triomphe a été complet ; et nous dirons en passant que la manière légère dont le *Mémorial Bordelais* a parlé de M. Desquiron de St-Agnan a été censurée par tous les hommes impartiaux.

(Extrait du Kaléïdoscope, tome IV, XLIIe livraison).

A cette même époque, l'une des victimes de la prévention, un infortuné arraché par M. Desquiron de St-Agnan, à une peine infamante, lui fit hommage de ces vers, inspirés par le sentiment le plus tendre et le plus respectueux :

> Illustre ami, père des malheureux !
> Je veux, guidé par la reconnaissance,
> Offrir les vœux de l'innocence
> Formés pour l'homme vertueux.
> Ce sont les vœux du respect le plus tendre ;
> Ce sont les vœux qui partent de mon cœur !
> Puisse le ciel toujours m'entendre,
> Et semer sur vos jours la gloire et le bonheur !
> Puisse-t-il, à mes vœux propices,
> Vous conserver long-temps, magnanime orateur.
> Et sur ce banc, l'effroi du vice,
> Vous voir de l'opprimé toujours le défenseur !
> Puisse-t-il exaucer les ferventes prières
> De l'orphelin qui voit terminer son malheur,
> Et de la veuve en cessant les misères,
> Lui conserver un zèle protecteur !
> Enfin, puisse le ciel de ma reconnaissance
> Couronner aujourd'hui le plus pur sentiment ;
> Me laisser un ami, père de l'indigent,
> Un honneur à Bordeaux, un honneur à la France !

M***.

Au surplus, nous ne devons pas taire que M. Desquiron de St-Agnan a écrit en silence l'histoire de nos jours : son ouvrage qui porte le titre des *Révolutions* de France à la fin du 18.me siècle et au commencement du 19.me, s'est déjà grossi de sept volumes inédits.

Tel est le dernier héritage qu'il destine à une famille heureuse et fière de lui appartenir.

Une telle composition, à laquelle se rattachent encore de nombreux travaux politiques, philosophiques et littéraires, semble, en imposant à M. Desquiron de St-Agnan d'immenses devoirs, réclamer son retour dans la capitale de la France. C'est là que l'attendent de nouveaux triomphes ; là que ses veilles laborieuses trouveront des justes appréciateurs ; là, enfin, que son noble caractère échappera à la bassesse des passions rivales.

Voilà le dernier vœu qui s'échappe du fond de mon cœur.

PHILIPPE DESQUIRON DE St-AGNAN, FILS AÎNÉ, *bachelier ès-lettres et licencié en droit de la faculté de Paris.*

9 782329 559148